国学经典有话对你说系列

幼学琼林

传统知识百科书

姜越 编著

中国书籍出版社

图书在版编目(CIP)数据

幼学琼林：传统知识百科书 / 姜越编著.
--北京：中国书籍出版社，2019.7
ISBN 978-7-5068-7393-2

Ⅰ.①幼… Ⅱ.①姜… Ⅲ.①古汉语—启蒙读物
Ⅳ.①H194.1

中国版本图书馆CIP数据核字（2019）第156593号

幼学琼林：传统知识百科书

姜越　编著

责任编辑	卢安然
责任印制	孙马飞　马　芝
封面设计	侯　泰
出版发行	中国书籍出版社
地　　址	北京市丰台区三路居路97号（邮编：100073）
电　　话	（010）52257143（总编室）　（010）52257140（发行部）
电子邮箱	eo@chinabp.com.cn
经　　销	全国新华书店
印　　刷	北京市通州大中印刷厂
开　　本	710毫米×1000毫米　1 / 16
印　　张	16
字　　数	282千字
版　　次	2019年7月第1版　2019年7月第1次印刷
书　　号	ISBN 978-7-5068-7393-2
定　　价	49.80元

版权所有　翻印必究

前　言

中国一直流传一句话："读了增广会说话，读了幼学走天下"，足见《幼学琼林》的影响力有多大，它的实用性也可见一斑。《幼学琼林》这部书集天文地理、古今岁时、朝廷体制、婚丧嫁娶、伦理关系、花木鸟兽、饮食起居等与人息息相关的日常生活知识于一体，集知识性、趣味性以及实用性于一体，是我国较完整的知识科普性读物。

《幼学琼林》最初叫《幼学须知》，学者普遍认为，最初的编著者是明末的西昌人程登吉（字允升），也有的认为是明景泰年间的进士邱睿。在清朝的嘉靖年间由邹圣脉作了一些补充，并且更名为《幼学故事琼林》。后来民国费有容、叶浦荪和蔡东藩等又进行了增补。

中国传统的蒙学读本，编得最好的，大概就要数这部《幼学琼林》了。首先，相对而言，它很少封建伦理说教，而以传授知识为主；其次，它的内容十分丰富，可以看作是全部传统知识类型的一个缩影，也可以称得上是一部百科全书；再次，正文部分就有释文，读起来明白晓畅，毫无滞碍，而且释文简洁允当，绝不拖泥带水；最后，它不为字数所限，不拘短长，只求偶句成对，颇便诵读。正因为如此，此书成篇后，续作不绝，增补如缕。

古代典籍是中华民族的瑰宝，是我们祖先留下来的珍贵的文化遗产。

启蒙教育在我国一直都受到重视，启蒙读物也应运而生。它虽不是正统文学，但它的语言通俗易懂，明了简洁，句子以骈韵为主，两两相对，读起来朗朗上口，容易为读者接受。

本书精选了《幼学琼林》的部分篇章，并进行了分类总结。为了帮助读者诵读、理解，每组对句都加了注释、译文和简单的讲解，并根据这些对句精心编写了相关故事。这些故事多数讲述的是成语、典故的来历，也有一些故事是阐释格言警句所蕴含的道理。阅读这些故事，我们不仅能增进对原文的理解，还能得到启迪和教益。书中的注释、译文简洁明了，可帮助理解；故事情节生动，更增趣味。

目　录

上篇　《幼学琼林》智慧直播

第一章　天文地理，节气时令

　　天文学是研究宇宙时空有序结构和演化的科学。学习天文科学意义重大，它能扩展人类文明的认知领域。地理学是研究人类赖以生存和发展的地理环境，以及人类同地理环境关系的科学。我国古人重视天地人依存关系，在古医学、天文学和地理学中都有大量资料证实"人与天地相参"的说法，强调相互关系的统一性。所以，天文地理知识是我们必须要熟知的科学知识。

天文 ……………………………………………………………… 4

地舆 ……………………………………………………………… 11

时序 ……………………………………………………………… 22

第二章　善行孝义，兄弟叔侄

"孝"是一个人道德行为的开端，是道德教育的根基，孝是对父母的爱心，对长辈的关心。人世间诸多美德都是以孝为基础衍生出来的，由孝敬父母、爱护子女，推广到全社会的尊老爱幼、感恩师长、感谢众人、感激国家。

祖孙父子 34
兄弟 40
夫妇 44
叔侄 49

第三章　宾朋友谊，婚姻伦理

美满的姻缘，可以说是前世的缘分缔结而成；称心的配偶是由上天撮合而成。"十年修得同船渡，百年修得共枕眠"，我们要学会珍惜一起迈入婚姻殿堂的那个人，互相适应，互相尊重，让家真正成为一个休憩的港湾。

婚姻 54
外戚 60

第四章　尊老爱幼，处世箴言

"老吾老，以及人之老，幼吾幼，以及人之幼"，尊老爱幼是中华民族的传统美德，有助于促进家庭和睦、社会和谐，也是我们为人处世的准则之一。

老幼寿诞 ………………………………………………… 66
衣饰 ……………………………………………………… 71
人事 ……………………………………………………… 76

第五章　佳肴珍馐，器用珍宝

　　本章介绍了饮食方面和器用珍宝方面的知识，我们可以从中了解到古代饮食文化和珍宝文化的发展。

饮食 ……………………………………………………… 100
器用 ……………………………………………………… 106
珍宝 ……………………………………………………… 113

第六章　生老病死，贫富有别

　　"穷"并不可怕，可怕的是"怕穷"。良好的心态和勤勉的生活态度才是决定人生质量的关键。

贫富 ……………………………………………………… 122
疾病死丧 ………………………………………………… 127
制作 ……………………………………………………… 135

第七章　释道同源，花鸟鱼虫

中华文化以儒家、道家、佛教为主流思想，对于孝道最为崇尚。自舜以大孝的资格，得到尧的禅让而成为天子后，孝道便受到人们的重视，以至提出"以孝治天下"的政治主张。

技艺 ………………………………………………………… 142

鸟兽 ………………………………………………………… 147

花木 ………………………………………………………… 167

下篇　《幼学琼林》深度报道

第一章　坚定心中的信念

人为什么而活？又是什么在支撑着人们努力奋发？答案不过两个字——信念。信念的力量是伟大的，它支撑着人们生活，催促着人们奋斗，推动着人们进步。没有信念人们就不会有意志，更不会有积极主动的行为。

傅说传奇 ………………………………………………………… 180

事非有意 ………………………………………………………… 181

有脚阳春 ………………………………………………………… 182

回天之力 ………………………………………………………… 183

杞人忧天 ………………………………………………………… 184

夸父逐日 ………………………………………………………… 185

齐妇含冤 …………………………………… 187

六月飞霜 …………………………………… 188

盛世黎民 …………………………………… 189

金城汤池 …………………………………… 190

第二章　不要轻易放弃

没有人知道未来会发生什么，也没有人注定要失败，所以在你遇到困难、问题想放弃之前，请再试一次。我们的人生需要尝试，需要这种不轻易放弃的精神。为了取得成功，请不要轻易放弃。

沧海桑田 …………………………………… 192

精卫填海 …………………………………… 193

康庄大道 …………………………………… 194

不毛之地 …………………………………… 195

东山高卧 …………………………………… 196

九年水患，七年旱灾 ……………………… 197

路不拾遗 …………………………………… 198

第三章　成功没有捷径

成功人士必定都是勤奋的。因此，勤奋的故事才会信手拈来。成功没有捷径，唯有勤奋而已。所有的人都期盼成功，但是并不是每个人都会为走向成功全力以赴。人们在渴望成功的同时，也渴望能够少一分努力，多一分收获。

驯雉之异	202
竹马之迎	204
万家生佛	205
反风灭火	206
兵机莫测	207
三韬六略	210
毛遂自荐	212
风声鹤唳	213
大树将军	214
"真将军"周亚夫	215
投鞭断流	216
胯下之辱	217
张良捡鞋	217

第四章 别让利益蒙蔽了双眼

利益是法学中的一个基本范畴。所谓利益，就是受客观规律制约的，为了满足生存和发展而产生的，人们对于一定对象的各种客观需求。然而，利益不是生活的一切，不要被眼前的利益所迷惑。

樊哙屠狗	220
弑父自立	221
遇贼争死	222
河东狮吼	225
杀妻求将	226

第五章　在奋斗中成长

艰苦奋斗是中华民族的传统美德和优良作风。只有经历艰苦环境的磨炼洗礼，人才会成长，人生才会展现出最光辉灿烂的一面。身处逆境，怨天尤人，甘于失败，人生便毫无亮色可言；挑战自我，迎难而上，奋发进取，这样的人生才真正精彩，这样的人生才值得敬仰。

炊臼之梦 ………………………………………… 230

桃李满天下 ……………………………………… 231

鸡黍之约 ………………………………………… 232

阳关三叠 ………………………………………… 234

第六章　弥足珍贵的友谊

友谊是人们在交往活动中产生的一种特殊情感，它与交往活动中所产生的一般好感是有本质区别的。友谊是一种来自双向（或交互）关系的情感，即双方共同凝结的情感，任何单方面的示好，不能称为友谊。友谊以亲密为核心成分，亲密性也就成为衡量友谊程度的一个重要指标。

管鲍之交 ………………………………………… 236

伯牙绝弦 ………………………………………… 237

刎颈之交 ………………………………………… 239

绨袍垂爱 ………………………………………… 240

参考文献 ……………………………………… 242

后　　记 ……………………………………… 243

上篇 《幼学琼林》智慧直播

第一章
天文地理，节气时令

　　天文学是研究宇宙时空有序结构和演化的科学。学习天文科学意义重大，它能扩展人类文明的认知领域。地理学是研究人类赖以生存和发展的地理环境，以及人类同地理环境关系的科学。我国古人重视天地人依存关系，在古医学、天文学和地理学中都有大量资料证实"人与天地相参"的说法，强调相互关系的统一性。所以，天文地理知识是我们必须要熟知的科学知识。

天文

◎ **我是主持人**

　　中国是世界上天文学起步最早、发展最快的国家之一，天文学也是我国古代最发达的四门自然科学之一，其他包括农学、医学和数学，天文学方面屡有革新的优良历法、令人惊美的发明创造、卓有见识的宇宙观等，在世界天文学发展史上，无不占据重要的地位。

◎ **原文**

　　混沌初开，乾坤始奠。
　　气之轻清上浮者为天，气之重浊下凝者为地。
　　日月五星，谓之七政；天地与人，谓之三才。
　　日为众阳之宗，月乃太阴之象。
　　虹名螮蝀，乃天地之淫气；月里蟾蜍，是月魄之精光。
　　风欲起而石燕飞，天将雨而商羊舞。
　　旋风名为羊角，闪电号曰雷鞭。
　　青女乃霜之神，素娥即月之号。
　　雷部至捷之鬼曰律令，雷部推车之女回阿香。
　　云师系是丰隆，雪神乃是滕六。
　　欻火、谢仙，俱掌雷火；飞廉、箕伯，悉是风神。
　　列缺乃电之神，望舒是月之御。

甘霖、甘澍，仅指时雨；玄穹、彼苍，悉称上天。

雪花飞六出，先兆丰年；日上已三竿，乃云时晏。

蜀犬吠日，比人所见甚稀；吴牛喘月，笑人畏惧过甚。

望切者，若云霓之望；恩深者，如雨露之恩。

参商二星，其出没不相见；牛女两宿，惟七夕一相逢。

后羿妻，奔月宫而为嫦娥；傅说死，其精神托于箕尾。

披星戴月，谓早夜之奔驰；沐雨栉风，谓风尘之劳苦。

事非有意，譬如云出无心；恩可遍施，乃曰阳春有脚。

馈物致敬，曰敢效献曝之忱；托人转移，曰全赖回天之力。

感救死之恩，曰再造；诵再生之德，曰二天。

势易尽者若冰山，事相悬者如天壤。

晨星谓贤人廖落，雷同谓言语相符。

心多过虑，何异杞人忧天；事不量力，不殊夸父追回。

如夏日之可畏，是谓赵盾；如冬日之可爱，是谓赵衰。

齐妇含冤，三年不雨；邹衍下狱，六月飞霜。

父仇不共戴天，子道须当爱日。

盛世黎民，嬉游于光天化日之下；太平天子，上召夫景星庆云之祥。

夏时大禹在位，上天雨金；春秋孝经既成，赤虹化玉。

箕好风，毕好雨，比庶人愿欲不同；风从虎，云从龙，比君臣会合不偶。

雨旸时若，系是休徵；天地交泰，称斯盛世。

◎ 注释

五星：指金、木、水、火、土五大行星。七政：太阳、月亮和金、木、水、火、土五星的合称。三才：天、地和人的合称。才，指有能力的事物。古人认为，天地能生养万物，而人则是万物之灵，可与天地并立，

因此合称三才。

众阳之宗：主宰着所有阳性事物。宗，宗主、主宰的意思。

太阴之象：极盛阴气的形象。太，极大、极盛的意思。象，形象、象征。

虫带虫东：虹的别名。淫气：阴气、邪气。月里蟾蜍：传说后羿从西王母那里求得不死之药，其妻嫦娥窃食成仙，奔向月宫，化为蟾蜍。月魄：指月亮上黑暗无光的部分。

石燕：形如燕子的石块，传说遇雨即飞，雨止复化为石。商羊：古代传说中的一种神鸟，只有一足，能招大雨。

羊角：旋风旋转时的形态，像羊角。雷鞭：古人认为雷以电为鞭，见《淮南子·天文训》。

青女：神话传说中主管霜雪的女神。素娥：指嫦娥。

雷部：神话传说中天神的一个部门，主管布雨兴云，滋培万物。至捷：跑得飞快。律令：周穆王时人，善走，死后为雷部之鬼。阿香：雷部推车的女鬼。

丰隆、滕六：神话传说中天神的名字，分别主管云和雪。

欻火、谢仙：神话传说中掌管雷火的鬼。飞廉、箕伯：神话传说中的风神。

列缺：神话传说中的闪电神。望舒：神话传说中给月亮驾车的神。《淮南子》载："月御曰望舒。"

时雨：有益于农时的好雨。玄穹、彼苍：上天的别称。

六出：雪花呈六角形，故名六出。晏：时间很晚。

蜀犬吠日：四川盆地群山环绕，空气潮湿，云笼雾罩，那里的狗不常见太阳，一见到太阳就狂叫不止。常用来比喻少见多怪。吴牛喘月：吴牛，指江淮一带的水牛。吴地天气炎热，水牛怕热，见到月亮以为是太阳，所以心生惧怕，不断喘气。形容人因疑心而过分惧怕。

云霓之望：云出现在雨前，是下雨的征兆，即非常盼望下雨。霓，即虹，出现在雨后。雨露：古人认为夜气之露是上天降下的祥瑞。

参商：参星与商星。二者在星空中此出彼没，互不相见。传说高辛氏（帝喾）的儿子中，老大叫阏伯，老四叫实沈，两人都很聪明，但互相不服，争斗不已，于是高辛氏找到尧帝，请他下了一道诏令，把阏伯封在商地，主商星，把实沈封在大夏，主参星。参商常用来比喻兄弟不和，彼此对立，或形容亲友隔绝，不能相见。牛女两宿：牛郎星和织女星。

傅说：商朝的大臣。箕尾：两个星宿名。传说傅说死后精神寄托在箕尾两个星宿之间。

沐雨栉风：让雨来洗头，让风来梳头，形容经常在外面不避风雨地辛苦奔波。沐，洗头发。栉，梳头发。《庄子·天下》："沐甚雨，栉疾风。"

阳春有脚：五代王仁裕《开元天宝遗事·有脚阳春》："宋璟爱民恤物，朝野归美，时人咸谓璟为有脚阳春，言所至之处，如阳春煦物也。"

献曝：古代有个农夫冬天晒着太阳觉得十分舒服，就去献给国君请赏。见《列子·杨朱》。后以"献曝"形容所献菲薄、浅陋，但出于至诚。

赵盾：赵衰的儿子，为晋国大夫。赵衰：晋文公重耳逃亡时的忠实追随者之一，后为晋国上卿。有人评价他们父子说：赵衰像冬天的太阳那样可爱，赵盾像夏天的太阳那样可怕。见《左传·文公七年》。

齐妇含冤：汉代东海郡（齐地）有一位妇女窦氏，年轻时丈夫儿子相继去世，窦氏侍奉婆婆非常孝顺，但婆婆怕拖累窦氏，上吊自杀。窦氏的小姑知道后，诬告窦氏杀母，于是郡守将窦氏定罪处死。之后，东海郡三年干旱无雨。新郡守上任后，狱长于公将窦氏之冤告之，新郡守为窦氏平反昭雪，告诸世人，并率左邻右舍在窦氏灵前忏悔。忏悔之后，天才开始下雨。见《汉书·于定国传》。

邹衍下狱：邹衍是战国时著名的阴阳家，博学多识，燕昭王拜他为师。昭王崩后，惠王听信谗言，将邹衍下狱。邹衍在狱中仰天大哭，时值六月，天上竟然下起霜来。惠王见状，知道必有冤情，于是将邹衍释放，官复原职。见《太平御览·天部·霜》。

子道：作为子女应尽的职责。爱日：子女孝敬父母的时间有限，应该珍惜光阴。

景星：又名瑞星、德星，如果一国的君主实行德政，景星就会出现。庆云：一种五彩祥云，象征喜气。

上天雨金：传说大禹治水成功后，上天雨金三日，又雨稻三日三夜。赤虹化玉：传说孔子完成《春秋》《孝经》后，有赤虹从天而降，化为黄玉，长三尺，上有刻文，孔子跪而受之。

箕好风，毕好雨：象征人们的愿望各不相同。箕、毕：星宿的名称。古人认为箕与风对应，毕和雨对应。风从虎，云从龙：比喻同类事物之间可以相互感应。《易·乾》："同声相应，同气相求。水流湿，火就燥。云从龙，风从虎。圣人作而万物睹。"不偶：并非偶然。

雨旸时若：下雨和天晴都顺应时令。旸，天晴。若，顺从。休征：美好的征兆。交泰：交上好运。泰，《易经》中的卦名。《易·泰》："天地交，泰。"

◎ 译文

混沌的宇宙，元气一经开辟，天地阴阳便有了定位。轻清的元气向上浮升而形成了天，厚重混浊的部分凝结在下面便形成了地。

太阳、月亮及金、木、水、火、土五星并称为七政。天、地和人合称为三才。太阳是众多阳气的宗主，月亮是太阴的精华象征。

长虹又称为虫带虫东，是天地之气交汇浸淫而形成的；月宫里的蟾蜍，是月亮的精华所凝聚而成的。

风将要扬起的时候，石燕就成群的飞起；天将要下雨的时候，商羊（一足鸟）就会出来飞舞。

盘旋屈曲的狂风，仿佛弯曲的羊角，闪烁的电光划破长空，如同雷神挥动着鞭子；青女是主管降霜的神灵，素娥就是嫦娥，也是月亮的别名。

雷部里行动敏捷且能迅走如飞的鬼叫做律令，专管雷雨推车的女孩叫做阿香。世人称云神为丰隆，雪神为滕六，欻火和谢仙都是掌管雷火的神祇，飞廉、箕伯则是风神。

列缺是照耀电光的神灵，望舒为月宫里的御车之神；甘霖和甘澍都是指及时雨；玄穹和彼苍都是上天的通称。

飘飞下来的雪花都是六角形的，可以用来预卜年岁的丰收；太阳升起已有三竿的高度，表示时候已经不早了。

蜀地（四川）因山高少日，所以当地的狗看见太阳，就对着太阳狂吠，是比喻人见识太少，少见多怪。

吴（江苏）地的水牛看见月亮便气喘吁吁，用来嘲笑世人恐惧得太过分了。

期盼之心殷切，好比大旱之年企盼天空的云霓；恩泽深厚，如同万物得到雨露的滋润；参星与商星此出彼没，永远没有机会相见；牛郎和织女隔着银河相望，每年七月初七的夜晚才能相会一次。

后羿的妻子嫦娥成仙后升天，飞奔到月宫里；殷高宗的贤相傅说，他死了以后其精神寄托在箕、尾二星之间。

披星戴月是说早晚不停地奔波，整日操劳非常艰苦；栉风沐雨是说奔波在外，不避风雨地辛苦经营。

事情在无意中完成好像浮云的无心出岫；恩泽广泛的施行，好像阳春滋长着万物一样。

送礼物给人家，要自谦说聊表献曝的诚意；托人挽转情势，要说全靠您的回天之力。

感谢他人援救的恩情叫做再造；称颂再生的德泽叫做二天。看似坚固，实则容易消亡的情势或权力，好像冰山见到太阳一样；事物悬殊极

大，相去甚远如同天和地一样，可称为天壤之别。

贤德之人因稀少罕见，比喻为早晨的星星；人云亦云，所说的言语都相似，则用雷同来形容。

心里太过忧虑，好像杞人担心天要塌下来一样；做事不自量力，和夸父追逐太阳一样毫无差别。

赵盾之为人，如夏日的太阳一样，威猛似火使人害怕。赵衰待人和蔼，如冬日的阳光一样和蔼可亲。

汉朝山东地方有一孝妇窦氏含冤而死，上天因而震怒，三年都不下雨；战国时候邹衍被屈捕下狱，六月的盛暑天气，忽然飞起霜来；杀父之仇必报，不愿和仇人共同站立在天地之间；为人子女者应尽孝道，要珍惜父母健在时，能诚心奉养父母的日子。

太平盛世之时，百姓安居乐业，所以能在光天化日之下快乐地嬉游；太平时期有才德的皇帝能感召上天，而出现景星、庆云等各种祥瑞的景象。

夏朝时大禹平治水患，功劳齐于天地，使上天接连着下了三天黄金雨；孔子编纂了《春秋》和《孝经》这两部书，赤虹从天而降化为黄玉。

箕星主风，毕星主雨，比喻百姓的愿望各有不同；虎啸生风，龙腾生云，说明了君臣的会合相辅并不是偶然的。

晴雨适宜应时而至，这是吉庆福禄的好征兆。天地融和通畅，万事亨通便称得上是太平盛世。

◎ 直播课堂

中国是世界上天文学起步最早的国家之一，因为生产、生活的需求，人们从远古时期开始就已经对天文现象进行观察记录，经过世代连续不断的努力，积累了越来越多的天文学知识，并逐渐形成了内容丰富且具有独特风格的天文学体系。在殷商时期的甲骨文中，我们就能看到古人对有关天象的许多记录，这些记录往往是与预卜人事凶吉等占卜活动联系在一起的，它们涉及日月食、日珥、新星等异常天象。在甲骨文中已经有相当丰富的天象记录，说明我国古代重视天象的观测与记录的传统在殷商时期就已经形成，这对后世的发展产生了巨大的影响。

中国古代天文学还包涵了更广泛的内容，如中国古代特有的、精良的天文仪器的设计与制造，关于宇宙理论的探讨，以及对一系列天象特别是奇异天象的长期系统的观测与记录等，它们与历法一起，组成了中国古代天文学的十分丰富多彩的体系。中国古代天文学在许多领域曾长期在世界上处于领先的地位，在世界天文学史和中华民族文化史上，都写下了光辉的篇章。

地舆

◎ 我是主持人

在我国漫长的封建史上，每个朝代的地方行政区域的划分制度一直处在不断变化之中。我国最早实行的是"九州"制和"十二州"制。在《尚书·禹贡》中详细记载着九州的名称，它们是冀、兖、青、徐、扬、荆、豫、梁、雍。十二州的说法，最早见于《尚书·尧典》，没有列出州名。因此，"九州"一说要比"十二州"的影响大，后来九州也就成了中国的别称。和九州、十二州同时并行的还有"畿服"之制。这是以一个国家的都城为中心，每向外方圆五百里逐次划分成甸、侯、绥、要、荒五服，也有划分成九服的。

◎ 原文

　　黄帝画野，始分都邑；夏禹治水，初奠山川。

　　宇宙之江山不改，古今之称谓各殊。

　　北京原属幽燕，金台是其异号；南京原为建业，金陵又是别名。

　　浙江是武林之区，原为越国；江西是豫章之郡，又曰吴皋。

　　福建省属闽中，湖广地名三楚。

　　东鲁西鲁，即山东山西之分；东粤西粤，乃广东广西之域。

　　河南在华夏之中，故曰中州；陕西即长安之地，原为秦境。

　　四川为西蜀，云南为古滇。

　　贵州省近蛮方，自古名为黔地。

　　东岳泰山，西岳华山，南岳衡山，北岳恒山，中岳嵩山，此为天下之五岳；饶州之鄱阳，岳州之青草，润州之丹阳，鄂州之洞庭，苏州之太湖，此为天下之五湖。

　　金城汤池，谓城池之巩固；砺山带河，乃封建之誓盟。

　　帝都曰京师，故乡曰梓里。

　　蓬莱弱水，惟飞仙可渡；方壶员峤，乃仙子所居。

　　沧海桑田，谓世事之多变；河清海晏，兆天下之升平。

　　水神曰冯夷，又曰阳侯；火神曰祝融，又曰回禄。海神曰海若，海眼曰尾闾。

　　望人包容，曰海涵；谢人恩泽，曰河润。

　　无系累者，曰江湖散人；负豪气者，曰湖海之士。

　　问舍求田，原无大志；掀天揭地，方是奇才。

　　凭空起事，谓之平地风波；独立不移，谓之中流砥柱。

　　黑子弹丸，极言至小之邑；咽喉右臂，皆言要害之区。

　　独立难持，曰一木焉能支大厦；英雄自恃，曰丸泥亦可封函关。

　　事先败而后成，曰失之东隅，收之桑榆；事将成而终止，曰为山九仞，功亏一篑。

以蠡测海，喻人之见小；精卫衔石，比人之徒劳。

跋涉谓行路艰难，康庄谓道路平坦。

硗地曰不毛之地，美田曰膏腴之田。

得物无所用，曰如获石田；为学已大成，曰诞登道岸。

淄渑之滋味可辨，泾渭之清浊当分。

泌水乐饥，隐居不仕；东山高卧，谢职求安。

圣人出则黄河清，太守廉则越石见。

美俗曰仁里，恶俗曰互乡。

里名胜母，曾子不入；邑号朝歌，墨翟回车。

击壤而歌，尧帝黎民之自得；让畔而耕，文王百姓之相推。

费长房有缩地之方，秦始皇有鞭石之法。

尧有九年之水患，汤有七年之旱灾。

商鞅不仁而阡陌开，夏桀无道而伊洛竭。

道不拾遗，由在上有善政；海不扬波，知中国有圣人。

◎ 注释

黄帝画野：传说中的黄帝时代，由于天下很大，百姓又多，难以管理，黄帝就画野分州，有百里之国万余。都邑：古代行政区域的名称，各代划分标准不同，后以都邑指代城市。夏禹治水：相传在尧时期，洪水滔天，百姓困扰，尧命鲧治水，九年无功。后来舜代天子之责，将鲧流放到羽山，并起用鲧的儿子禹继续治水。禹不顾劳累，身先士卒，传说他为了治水三过家门而不入，最终他采用疏导的策略，凿山导河，开挖沟渠，引导洪水流向大海，解决了水患。

金台：又称燕台、黄金台。相传战国时期，燕昭王为了招贤纳士，筑建土台，上置黄金千两，礼聘天下名士。

武林：杭州西边有武林山（灵隐山），因此古代又称武林。豫章：古代郡名，汉初设置，郡治在今江西南昌一带，后用豫章指代江西。唐王勃在《滕王阁序》中曾写道："豫章故郡，洪都新府。星分翼轸，地接衡庐。"吴皋：这里指吴国的边界。皋，岸，水边的高地。江西在春秋战国时曾是吴越两国的交界地区，所以用吴皋来指代江西。

闽中：古代的郡名，辖区相当于今福建省和浙江省的部分地区。湖广：元朝时曾置湖广行省，辖区相当于今湖北省和湖南省。三楚：湖南、湖北旧属楚地，楚地分为东楚、西楚、南楚，合称"三楚"。

西蜀：四川曾有古蜀国，三国时刘备建立蜀汉，因此简称蜀，因在中原以西，所以称西蜀。滇：云南曾有古滇国，所以简称滇。

蛮：中国古代对南方各少数民族的泛称。黔地：秦时曾在贵州一带置黔中郡，因此贵州又称黔地。

金城汤池：城墙像是用金属筑就的，护城河里的水像是开水。比喻坚固无比、防守严密的城市或工事。砺山带河：泰山小得像块磨刀石，黄河细得像条衣带。比喻时间久远，任何动荡也决不变心。汉高祖分封功臣时曾盟誓说："黄河如带，泰山如砺，国以永宁，爰及苗裔。"见《史记·高祖功臣侯者年表》。

梓里：古人常在房前屋后种植桑树或梓树，后来就用桑梓或梓里代表故乡。

蓬莱、方壶、员峤：传说中海上的仙山，凡人可望而不可即。弱水：古时许多浅而湍急的河流不能用舟船而只能用皮筏渡过，古人认为是由于水羸弱而不能载舟，因此把这样的河流称之为弱水。

冯夷：传说为轩辕之子，生前为水官，死后为水神。阳侯：殷纣王末年，周武王会诸侯八百渡陵阳（今河南孟津）伐纣，陵阳国的阳侯率军迎战，兵败后溺水身亡，后人为怀念阳侯，奉其为"水神"。祝融：神话传说中的古帝，以火施化，号赤帝，后人尊为火神。回禄：传说中的火神，后用做火灾的代称。海若：传说中海神的名字。海眼：《十洲记》记载，海中叫尾闾的地方，有一块石头方圆四万里，海水全部从下面流走。

海涵：像海水容纳江河那样无所不包。河润：像河水滋润土地那样帮助别人。

江湖散人：唐代文学家陆龟蒙举进士不中，居松江甫里，经营茶园，常泛舟于太湖，自称江湖散人，曾作诗《江湖散人歌》。湖海之士：汉末人陈登，字符龙，狂傲有豪气。一次，友人许汜去看望他，他并不以客礼相待，自己上大床躺下，而让许汜睡下床。后来许汜跟刘备谈起这件事，说陈登"湖海之士，豪气不除"。刘备则批评许汜胸无大志，只问些求田问舍之类的小事，难怪被陈登冷落，并说："要是我，就要高卧百尺高楼之上，让你睡到地下，岂止是上下床之分呢！"（《三国志·魏志·陈登传》）

问舍求田：也作求田问舍，原为刘备责备许汜之语。许汜为国士，处纷乱之世，而无效主之志，只知道买田置屋，为个人利益打算，没有远大志向。后以求田问舍形容专营私利而胸无大志之士。辛弃疾《水龙吟·登建康赏心亭》："求田问舍，怕应羞见，刘郎才气。"掀天揭地：把天掀起，把地揭开，形容力量或声势非常浩大。

中流砥柱：用以形容人独立不移，像砥柱在激流中屹立一样。比喻坚强独立的人能在动荡艰难的环境中起支柱作用。砥柱，一座石岛，在今河南省三门峡的黄河中。

黑子：指黑痣。弹丸：弹弓所用的泥丸。

函关：即函谷关，位于今河南省灵宝市北十五公里处，是中国历史上建置最早的雄关要塞之一，因关在谷中，深险如函，故称函谷关。这里曾是战马嘶鸣的古战场，素有"一夫当关，万夫莫克"之称。

失之东隅，收之桑榆：东汉刘秀即位后，派冯异率军攻打赤眉军，开始阶段，因邓禹、邓弘不接受冯异的意见，连吃败仗，后来冯异改变策略，终于在崤底大破赤眉军。事后，光武帝刘秀写信慰劳冯异，中有"始虽垂翅回溪，终能奋翼黾池，可谓失之东隅，收之桑榆"的话。（《后汉书·冯异传》）东隅：太阳升起的地方。桑榆：桑树和榆树，太阳落山后余光照在树上，因此用桑榆表示日落的地方。为山九仞，功亏一篑：堆九仞高的山，只缺一筐土而不能完成。比喻做事情只差最后一点没能完成。仞，古代七尺或八尺为一仞，九仞是个虚数，言其高。篑，盛土的筐。

以蠡测海：用贝壳做的瓢来量海水。比喻见识浅薄，对事物的观察和了解很片面。蠡，用贝壳做的瓢。《汉书·东方朔传》："以管窥天，以蠡测海，以莛撞钟。岂能通其条贯，考其文理，发其间声哉！"精卫衔石：相传远古时候，炎帝的女儿在东海游玩时淹死在海里，她的灵魂化作一只精卫鸟，到西山去衔木石，决心填平东海。后以"精卫填海"比喻意志坚决，不畏艰难。

硗地：贫瘠多石不生草木之地。硗，坚硬的石头。膏腴：膏是油脂，腴是肥肉，膏腴形容土地非常肥沃。

石田：布满石头的田地，借指没什么用处的东西。道岸：指学问、真理的彼岸。

淄渑：指淄水和渑水，都流经山东。传说春秋时齐桓公的宠臣易牙，长于调味，能够分辨出淄水和渑水的不同味道。泾渭：指泾河和渭河，都流经陕西。传说古时泾河的水清，渭河的水浊，两河在交汇处有一条明显的分界线。

泌水：涌出的泉水。《诗经·陈风·衡门》："衡门之下，可以栖迟；泌之洋洋，可以乐饥。"后以衡门泌水指隐居之地。东山高卧：东晋谢安，字安石，少时隐逸东山，朝廷屡加征召，他都不肯出仕，人称其高卧东山。谢安虽放情丘壑，然每游赏，必挟妓以从。简文帝知道这事后，说道："安石既与人同乐，必不得不与人同忧，召之必至。"后来他果然东山再起，引领其弟、兄子大破前秦苻坚的百万大军。

黄河清：传说黄河五百年变清一次，也有说一千年才会变清一次。《左传·襄公八年》："《周诗》有之曰：'俟河之清，人寿几何？'"越石见：传说福州城东有越王石，平常隐没在云雾里，只有清廉的太守才能看到它。五代宋时晋安太守虞愿公正廉明，他去看越王石，清澈无隐蔽。

仁里：有淳厚风俗的乡里。《论语·里仁》："里仁为美。"互乡：交相为恶之乡。

里名胜母：《淮南子》及《盐铁论》并云："里名胜母，曾子不入，盖以名不顺故也。"胜母，古地名。曾子：曾参，古代孝子，孔子的学生。墨翟回车：墨翟，战国时期的大思想家，墨家的代表人物。他反对铺张浪费，主张节约，他的门徒穿短衣草鞋，参加劳动，视吃苦为高尚品行。墨翟带着学生到各国游说，经过卫国时，听说前方是朝歌，他大惊失色说这是殷纣王的旧都，是产生"新声靡乐""郑卫之声"的地方，是不祥之地，于是掉转车头而去。

击壤而歌：相传尧帝时，有一位老人在田中击壤唱道："日出而作，日入而息，凿井而饮，耕田而食，帝力于我何有哉？"（《乐府诗集》卷八十三《击壤歌》）据宋王应麟《困学纪闻·杂识下》记载，击壤是古代的一种游戏。壤用木块制成，用手中的壤去击打三四十步以外的侧立在地上的壤，中者为胜。击壤而歌反映了尧帝时的人民可以自由自在地劳动、生活，说明尧帝无为而治，天下有道。让畔而耕：传说文王治理的地区，风俗仁义，耕田的人互相推让田界。畔，指田界。（《史记·周本纪》）

缩地：东汉方士费长房向壶公学习道术，壶公问他想学什么，他说，要把全世界都看遍，壶公就给他一根缩地鞭，他想到哪里，就可用缩地鞭缩到眼前。见晋代葛洪《神仙传·壶公》。鞭石：传说秦始皇想登山祭海，见山距陆地太远，想在东海上造一座石桥，当时有仙人帮助驱石下海；石走慢了，仙人就用鞭子抽打，石皆流血，至今还留有赤石。见《太平寰宇

记·登州文登县》引《三齐略记》。

汤：即成汤、商汤，商朝的开国君主。夏桀无道，汤兴兵伐之，遂有天下。

阡陌开：秦孝公重用商鞅，实行变法，商鞅废井田，开阡陌，秦国因此强大起来。阡陌，田地之间的道路和地界。伊洛：指伊水和洛水。传说夏桀昏庸无道，倒行逆施，上天使伊洛二水干枯以警告他。

道不拾遗：在路上见到别人遗失的东西，也不会把它拾走。常用来形容社会风气良好。《韩非子·外储说左上》："国无盗贼，道不拾遗。"《战国策·秦策一》："道不拾遗，民不妄取。"海不扬波：海上不起惊涛骇浪，比喻天下太平。相传周成王时，周公代为摄政，所有地区都争相朝贡。越裳国来献野鸡，进献的使臣对周公说："我受命传达越裳国黄发老人的话：'上天不刮暴风，不下暴雨，大海平静不起波涛，这样的情况已经有三年了。看来中原肯定有圣人治理，为什么不去朝见周公呢？'今贡献白雉于周公，以表南海之忠诚。"周公非常高兴，于是作歌三句，名字叫《越裳操》。（见《尚书大传》）

◎ 译文

黄帝划分了中国的疆域，才有了都邑的界线，夏禹平治了洪水，才奠定了山川的位置。天地间的山川河脉虽然不曾更改，自古以来它们的称呼却各有不同。

北京古时称幽州或称燕国，别名又叫金台；南京就是建业，别名又叫金陵。

浙江从前被称为武林，本是越王的故国；豫章、吴皋都是旧时江西的称呼。

福建一省古时统称七闽，湖广地方旧名叫作三楚；东鲁、西鲁就是山东、山西的旧名，东粤、西粤即为广东、广西。

河南位于中原的中心位置，所以又称为中州；长安为陕西首府，古代是秦国的辖地。

四川就是西蜀，云南汉朝时建置滇池；贵州地处南蛮所以叫作荒服，是古时黔中之地。

东岳泰山、西岳华山、南岳衡山、北岳恒山、中岳嵩山，这是中国著名的五大高山。饶州的鄱阳湖、湘阴的青草湖、润州的丹阳湖、巴陵的洞庭湖、苏州的太湖，这是中国著名的五大淡水湖。金城汤池形容城墙和护城河坚固、牢不可破，如金铸成的城，如汤沸热的池。黄河像衣带万古流长，泰山像砺石与天共存，是帝王分封功臣时的誓盟之辞，祝他永久存在，并誓立永久和好的盟书。

皇帝居住的都城称为京师，旅居在外的人，称自己的故乡为梓里。

蓬莱和弱水路途遥远艰险，只有神仙才能飞渡到那里，十洲和三岛山高路远，只有虔诚修行的仙人才能居住在那里。

沧海桑田比喻世事变迁很大；河清海晏是天下太平的征兆。

掌管河水的神称为冯夷又叫作阳侯；管理火的神称为祝融又叫回禄。海神的名字叫海若，海眼是海下泄水的洞孔，又称为尾闾。

希望得到别人的包容，说如同大海能涵容得下；感谢他的恩泽，就说像受到河水一样的滋润。

没有责任牵绊的人叫作江湖散人，自负豪气的人叫作湖海之士。

一个人只会寻问屋舍讲求田亩，那就是胸无大志；能够掀天揭地做大事业的人，才能称为有才能的奇人。

争端凭空而起，而产生了意外纠纷，好像平地生了风波。有自己的主张能担当大任，遇事毫不动摇者，可称为中流砥柱。

黑子和弹丸都形容很小的地域；咽喉和右臂都是身体上重要的部位。

势单力孤难以完成大事业，就好像只用一根大木，怎么撑得住即将倒塌的大屋子呢？英雄好汉夸耀自己的胆识本领，说一丸泥团可以封得住函

谷关。

做事先失败，后来才得以成功，叫作"失之东隅，收之桑榆"。事情将要成功，只差最后一点点，忽然停止了，就称为"为山九仞，功亏一篑"。

拿瓠瓢来测量海水，比喻人的见识太浅；精卫衔石填海，是指做事徒劳无功。跋涉是说行路非常艰难，康庄大道是说道路极为平坦宽广。

土壤贫瘠，地面长不出五谷草木的，称为不毛之地。肥沃丰饶的田地，叫作膏腴之田。得到某物却一无所用，就如同获得长不出农作物的石头地，做学问有了成就，则可用诞登道岸来形容。

淄水和渑水都位于山东境内，淄水甘甜，渑水苦味，淄水和渑水的味道不同，放在一起也能分辨得出来，泾水和渭水有清有浊，当二水合流后，依然清浊分明。

拿涌出的泉水来充饥，也觉得很快乐，是赞美人安贫乐道；隐居在家不肯出来做官，情愿在清静的东山高枕无忧，是说辞去官职以求轻松悠闲，由此可见谢安清高的节操。

圣人降临世间，黄河的水也会呈现清澈，太守清廉爱民，越王石才会显现于世。

风俗淳朴的乡里称为仁里，风俗恶劣的地方叫作互乡；孝顺父母的曾子，不愿进入叫胜母的巷子是恨它不孝；主张非乐的墨子，车子走到名叫朝歌的城邑时，就掉头而返，是嫌它失时。

尧帝时黎民百姓都能怡然自得，拍着土壤引吭高歌；西周时的百姓朴实讲仁义，都能互相谦让耕地。

费长房通晓收缩土地，化远为近的方法；秦始皇时有挥鞭驱赶石头造桥的奇术。

尧帝时洪水为患九年，商汤时有七年的大旱天灾。

商鞅没有仁德，废除自古以来的井田制度，开阡陌奖军功。夏桀暴虐无道，上天便使伊、洛二水同时枯竭，以示惩戒。

路上不捡拾他人的失物，是因为在上的人治理有方。海里扬不起大波浪来，由此可知中国境内有了圣明的人。

◎ 直播课堂

秦始皇统一天下，我国开始有了较为正规的地方行政区域划分制度。秦代普遍推行郡县制，分天下为三十六郡，郡下设若干县。

汉代实行郡、国并行制，郡由朝廷直接管辖，国分封给有功劳的大臣，每国各领数郡土地，郡、国数目比秦代有很大的增加。汉代在实行郡国并行制的同时还采用了州制。汉武帝元封五年（公元前106年），将全国分成十三州刺史部，简称"十三部"或"十三州"。各州刺史代表中央管理地方事务。从东汉至南北朝，不断沿用州制。虽然各个时期都有改动，州的划分、数目与名称不尽相同，但基本格局未变，均以州为最高一级地方行政机构，下辖郡、县等。到隋炀帝时，废除州制，恢复郡、县二级的地方行政制度。

唐、宋、辽、金几代，朝廷改用道、府、路的地方行政区域的划分制度。唐太宗分全国为十道，每道各辖几十个州。中唐又细置十五道，并与节度使制度逐渐融合。在道制之外，又有府制。分别设在国内要地和边境地区。北宋开始，改用路为最高地方行政机构，分全国为二十三路，下辖府与州。两宋和辽、金时期，路的设置、分合及所辖的府、州常有变动。

元代，我国行省制度确立起来。除设置中央一级的中书省外，又将全国划分成十个大的地方行政区域，它们是岭北行省、辽阳行省、陕西行省、甘肃行省、河南江北行省、江浙行省、江西行省、湖广行省、四川行省和云南行省。每个行省下辖路、府、州、县四级地方行政机构。

明初，太祖朱元璋定都金陵（今江苏省南京市），基本上保留了元代的行省制，只在洪武元年（1368年）废元中书省，辖境分属河南行省

和山东行省；同时改江南行中书省为中书省，以示国都所在。明成祖朱棣于永乐年间迁都顺天府（治所在今北京市），旋即将今北京、天津二市和河北省的大部分地区改称为直隶（即京师），而原直隶改称南直隶，又称南京。自宣德三年（1428年）以后，全国统分为两京、布政使司。两京是京师（即北直隶）和南京（即南直隶）；布政使司简称司，俗称省，为山东、山西、河南、陕西、四川、湖广、江西、浙江、广东、广西、云南、贵州、福建。因习惯上也称一个直隶区为一省，所以又有省之说。

清初为便于统治明代故土，清世祖仍沿用明制布政使司，只是改北直隶为直隶，南直隶为江南布政使司，即废除了南京为国都的地位。康熙初，改布政使司为省，因认为全国区划为省，其制过大，所以分湖广为湖南、湖北两省，分江南为江苏、安徽两省，分陕西为陕西、甘肃两省，全国共18省。

时序

◎ 我是主持人

　　本篇所讲的是一年之中十二个月的节气时令。从整篇文章中我们可以了解到人们一年内所经历的各种节日，而这些节日有都有着不同的典故与传说。每一个典故代表了一个故事，代表了一个时代的文化。从本篇中我们可以掌握日常生活中的节气知识。

◎ 原文

爆竹一声除旧，桃符万户更新。

履端，是初一元旦；人日，是初七灵辰。

元日献君以《椒花颂》，为祝遐龄；元日饮人以屠苏酒，可除疠疫。

新岁曰王春，去年曰客岁。

火树银花合，谓元宵灯火之辉煌；星桥铁锁开，谓元夕金吾之不禁。

二月朔为中和节，三月三为上巳辰。

冬至百六是清明，立春五戊为春社。

寒食节是清明前一日，初伏日是夏至第三庚。

四月乃是麦秋，端午却为蒲节。

六月六日，节名天贶；五月五日，序号天中。

端阳竞渡，吊屈原之溺水；重九登高，效桓景之避灾。

五戊鸡豚宴社，处处饮治聋之酒；七夕牛女渡河，家家穿乞巧之针。

中秋月朗，明皇亲游于月殿；九日风高，孟嘉帽落于龙山。

秦人岁终祭神曰腊，故至今以十二月为腊；始皇当年御讳曰政，故至今读正月为征。

东方之神曰太皞，乘震而司春，甲乙属木，木则旺于春，其色青，故春帝曰青帝。南方之神曰祝融，居离而司夏，丙丁属火，火则旺于夏，其色赤，故夏帝曰赤帝。西方之神曰蓐收，当兑而司秋，庚辛属金，金则旺于秋，其色白，故秋帝曰白帝。北方之神曰玄冥，乘坎而司冬，壬癸属水，水则旺于冬，其色黑，故冬帝曰黑帝。中央戊己属土，其色黄，故中央帝曰黄帝。

夏至一阴生，是以天时渐短；冬至一阳生，是以日晷初长。

冬至到而葭灰飞，立秋至而梧叶落。

上弦谓月圆其半，系初八九；下弦谓月缺其半，系廿二三。

月光都尽谓之晦，三十日之名；月光复苏谓之朔，初一日之号；月与日对谓之望，十五日之称。

初一是死魄，初二旁死魄，初三哉生明，十六始生魄。

翌日、诘朝，言皆明日；谷旦、吉旦，悉是良辰。

片晌即谓片时，日曛乃云日暮。

畴昔、曩者，俱前日之谓；黎明、昧爽，皆将曙之时。

月有三浣：初旬十日为上浣，中旬十日为中浣，下旬十日为下浣；学有三余：夜者日之余，冬者岁之余，雨者晴之余。

以术愚人，曰朝三暮四；为学求益，曰日就月将。

焚膏继晷，日夜辛勤；俾昼作夜，晨昏颠倒。

自愧无成，曰虚延岁月；与人共语，曰少叙寒暄。

可憎者，人情冷暖；可厌者，世态炎凉。

周末无寒年，因东周之懦弱；秦亡无燠岁，由嬴氏之凶残。

泰阶星平曰泰平，时序调和曰玉烛。

岁歉曰饥馑之岁，年丰曰大有之年。

唐德宗之饥年，醉人为瑞；梁惠王之凶岁，野莩堪怜。

丰年玉，荒年谷，言人品之可珍；薪如桂，食如玉，言薪米之腾贵。

春祈秋报，农夫之常规；夜寐夙兴，吾人之勤事。

韶华不再，吾辈须当惜阴；日月其除，志士正宜待旦。

◎ 注释

桃符：据说桃木有压邪驱鬼的作用。古人在辞旧迎新之际，在桃木板上分别画上"神荼""郁垒"二神的图像，悬挂于门首，意在祈福避祸。后来人们为了图省事，就直接在桃木板上写上"神荼""郁垒"二神的名字，这就是最早的门神。

履端：开端。人日：传说天地初开时，第一日为鸡日，之后依次为狗日、猪日、羊日、牛日、马日，七日为人日，八日为谷日。灵辰：人日的别称，意为吉祥的时刻。

椒花颂：《晋书·列女传·刘臻妻陈氏》："刘臻妻陈氏者，亦聪辨能属文，尝正旦献《椒花颂》。其词曰：'旋穹周回，三朝肇建。青阳散辉，澄景载焕，标美灵葩，爰采爰献，圣容映之，永寿于万。'"后用椒花颂来指新年祝词。屠苏酒：屠苏是一种草名，也有人说，屠苏是古代的一种房屋，因为是在这种房子里酿的酒，所以称为屠苏酒。据说屠苏酒是汉末名医华佗以中药入酒浸制而成，具有益气温阳、祛风散寒、避除疠疫之邪的功效，后由唐代名医孙思邈流传开来。

王春：孔子编的《春秋》第一句就是"元年春，王正月"。"元年春"是指鲁隐公元年的春天，"王正月"是指周王室制定的历法的正月。春秋时，诸侯并起，周室孱弱，不同诸侯国和周王室是可以有不同的纪年方式的，比如鲁隐公元年同时也是周平王四十九年，但是纪月方式只能根据王室历法。这就是所谓的"正朔"，也就是正统。因此用王春代表新的一年，有尊重正统君主的意思。客岁：旧的一年。

火树银花合：唐代苏味道《正月十五夜》诗中有"火树银花合，星桥铁锁开"之句。正月十五为元宵节，又称灯节或上元节，且因其为春节的最后一个高潮，家家户户皆张灯结彩，热闹庆祝，火树银花合就是形容烟花灯火灿烂辉煌的情景。金吾：汉代禁止夜行的官。古代通常在城中实行宵禁，这里的星桥铁锁开，指元宵节时取消了夜禁。

朔：农历每月初一称朔。中和节：唐德宗李适在贞元五年（公元789年）制定，本来在二月初一，后将土地神生日纳入其中，改为二月初二，人们在这天互相赠送瓜果百谷。上巳辰：即上巳节，三月上旬的巳日，称上巳。后来定为三月三日。

百六：一百零六天。五戊：戊是天干的第五位，五戊是立春后的第五个戊日。春社：春天祭祀土地神的活动。

寒食：春秋时晋国贵族介子推曾从晋文公流亡国外，助晋文公复国有

功,但文公回国后赏赐随从臣属时,没有赏到他。因此他与母亲隐于山中。晋文公纵火烧山,想逼他出来,但介子推抱树不出,被烧死。晋文公命令百姓每年在这一天禁火,故名寒食。初伏:第一个伏日,按中国古代历法,这是夏天的开始。庚:天干的第七位。

麦秋:小麦成熟的时候。蒲节:古人端午节时在门上挂菖蒲叶,可以避邪;或在端午节时将菖蒲泡在酒中,饮之可以避瘟疫,所以端午节又称蒲节。

天贶:澶渊之盟后,宋真宗想在泰山封禅,以洗刷城下之辱,彰显自己的功业,于是诈称有天书降下,改元大中祥符,并于大中祥符元年(1008年)十月在泰山举行了庄严隆重的封禅祭祀仪式。大中祥符四年(1011年)六月六日,宋真宗下诏称天书再降,定六月六日为天贶节。贶,赏赐之意。天中:古人认为五月五日时,正是中夏,故称这一天为"天中节"。

端阳竞渡:屈原在端午节投汨罗江而死,楚人为了祭奠他,在这天将粽子投入江中,并进行划龙舟竞赛,表示当时抢救屈原的迫切之情。后来吃粽子和赛龙舟成为传统风俗。重九登高:相传费长房对桓景说,九月九日,你家中有难,只有全家人插着茱萸登山饮菊花酒,才能避祸,桓景听从了他的话。晚上回家一看,家中的鸡犬牛羊都死了。后来重九登高就成为一种风俗。

五戊:立春、立秋后的第五个戊日。古人以此为春社、秋社之日。治聋之酒:传说在社日饮酒可以治耳聋。乞巧:七夕的传统活动,就是向织女乞求一双巧手的意思。七夕是传说中隔着"天河"的牛郎和织女在鹊桥上相会的日子,女孩子们就在这天晚上向织女乞巧,传统的乞巧方式有穿针引线验巧、做些小物品赛巧、摆上些瓜果乞巧等。

明皇亲游于月殿:明皇即唐玄宗。传说道士罗公远以杖为桥,引明皇到月宫一游,明皇觉得月宫的音乐很好听,就凭记忆谱写了一首《霓裳羽衣曲》。孟嘉帽落于龙山：晋代孟嘉任桓温的参军时，桓温在龙山宴请幕僚，忽然孟嘉的帽子被风吹落于地，而孟嘉并未发觉。在他去厕所时，桓温命人把帽子放到他原来坐处，并让人写了几句嘲笑他的诗文。孟嘉回来后看见，当即以文应对，文辞优美，四座皆服。(《晋书·桓温传》)

腊：古代阴历十二月的一种祭祀，冬至后第三个戌日祭祀众神。御讳曰政：古时农历一月是天子召集大臣议政的月份，所以名"政月"。秦始皇名嬴政，秦时为避讳，改"政月"为正月，并沿用至今。

古人用阴阳五行来解释季节和方位，将金木水火土五行与东西南北中及春夏秋冬相配，又和八卦及天干对应，它们的对应关系是：中央：戊己，黄色，属土；春：东方，甲乙，青色，震位，属木；夏：南方，丙丁，红色，离位，属火；秋：西方，庚辛，白色，兑位，属金；冬：北方，壬癸，黑色，坎位，属水。

日晷：又称"日规"，我国古代利用日影测量时间的一种仪器，通常由铜制的指针和石制的圆盘组成。

葭灰：葭莩（芦苇里的白色薄膜）烧成的灰。古人用葭灰置于律管中，放密室内，以占气候。某一节候到时，某律管中葭灰即飞出，示该节候已到。

晦：农历每月的最后一天。汉代许慎《说文解字》："晦，月尽也。"朔：农历每月的第一天。汉代许慎《说文解字》："朔，月一日始苏也。"望：农历每月十五日，即月满之日。此时日在东方升起，月在西方落下，遥遥相望，故称望日。

魄：这里指月出或月没时的微光。初一是月亮无光，故曰"死魄"。初二时月亮大部分还是无光，所以说"旁死魄"，旁是大的意思。初三时月亮有了光，所以说"哉生明"，哉是开始的意思。始生魄：开始生月魄。《尚书·康诰》："惟三月哉生魄。"孔传："月十六日明消而魄生。"

诘朝：指次日早晨。谷旦：良辰，晴朗美好的日子，古时常用为吉日的代称。

曛：日落时的余光。

畴昔：往昔，以前。曩者：以往，以前。昧爽：指黎明。昧，昏暗不明。爽，明亮。

三浣：古代官员每十天发一次俸禄，休息一次，洗衣洗澡，称为一浣。三余：汉末董遇好学，曾对人说："学者当利用三余，夜者日之余，冬者岁之余，雨者晴之余。"

朝三暮四：古时有个养猴的人，发栗子喂猴，说："早上三个，傍晚四个。"众猴皆怒。又说："早上四个，傍晚三个。"众猴皆喜。见《庄子·齐物论》，亦载于《列子·黄帝》。后以朝三暮四指用诈术行骗，也指经常变卦，反复无常。日就月将：每天都有些成就，每月都有所前进。形容积少成多。

焚膏继晷：点上灯烛，接续日光。形容日夜不停，非常勤奋地工作或读书。膏，油脂，这里借指灯烛。晷，日光。俾昼作夜：晨昏颠倒。常用在无限制地享乐。俾，使，把。

虚延：虚度。寒暄：问寒问暖。

寒年：寒冷的年份。燠岁：暖热的年份。按照古人天人相应的观念，寒年和燠岁都是不正常的年景。

泰阶星：古代的星座名，又名三台星，共六颗星，两两并排，如阶梯状。古人认为这些星分别代表天子、诸侯、卿大夫、士和庶人。泰阶星平正，天下就大治，称泰平，后来写作太平；泰阶星斜，则天下大乱。玉烛：指四时之气和畅，时序调和。

醉人为瑞：唐德宗时，连年战乱，饥荒频仍，几乎无人酿酒，如果偶尔有人喝醉，大家都认为是祥瑞之兆。野莩：野外有饿死的人。

桂：木名。《说文解字》："江南木，百药之长。"腾：形容物价上涨很快。

祈：向上天或神明求福。报：这里指祭祀。夙兴：意为天不亮就起来做事情。

除：这里指岁月的流逝。待旦：等待天明。

◎ 译文

爆竹一声除旧岁，新的一年又来临了；门上换上了新的桃符，以迎接新的一年。

正月初一日是元旦称为首祚；正月初七日是人日称作灵辰。元旦将椒花酒献给君王，是借此祝颂他长寿。请乡邻朋友喝屠苏酒，可以驱除瘟疫百病。

新正别名首春，去年则称客岁；火树银花合，是形容元宵节的灿烂辉煌；星桥铁锁开是说元宵节这一天开禁，放下吊桥听任城内外游人自由往来观赏灯火。

二月初一是中和节，三月初三日为上巳春浴之时。冬至后第一百零六天是清明节，立春后的第五个戊日叫作春社；寒食节在清明节的前一天；初伏日则是夏至后第三个庚日。

四月麦熟所以称为麦秋；端午日饮菖蒲酒所以又称为蒲节；六月初六日是天贶节；五月五日称为天中节。

端午节龙舟竞渡，以悼念溺水而死的屈原；重阳节登高山插茱萸饮酒，是效法桓景避灾的故事。

春秋二社日，家家户户杀猪宰鸡祭祀土地公神，大家争饮可以医治耳聋的酒。七月初七牛郎织女渡河相会，妇女在庭院摆上香案，祭拜织女乞求得到织布绣花的巧技术。

中秋之夜月光分外清朗，唐明皇梦游月宫；重阳节登龙山，山风将孟嘉的帽子吹落在地上。

秦人每年岁终祭神称为腊，因此至今日皆称十二月为腊月。秦始皇的名字叫嬴政，秦人避讳读政为征，后世便沿用此例读正月为征月。

掌管东方的神称作太皞，乘震位而司春令，震属木而木旺于春色青，故又名青帝；掌管南方的神称作祝融，居离位而司夏令，离属火而火旺于夏色赤，故又称为赤帝；掌管西方的神称作蓐收，当兑位而司秋令，兑属金而金旺于秋色白，故又称为白帝；掌管北方的神称作颛顼，乘坎位而司冬令，坎属水而水旺于冬色黑，故又称为黑帝；四方的中央属土，土旺于四时色黄，所以中央属于黄帝当权。

夏至节气一过，阴气就启动了，白天的时间渐渐短了；冬至节气一到，阳气就动了起来，太阳的影子慢慢地长了起来。

一到冬至阳气初动，葭灰就飞了起来；立秋一到，梧桐树上的叶子会纷纷飘落。

完全没有月亮叫作晦，月光从无到有叫作朔，月亮一半圆一半缺叫作弦，月亮和太阳每到十五日便遥遥相对，彼此都能看得见对方，所以称为望。初一的月亮像死灰一样，所以叫作死魄；初二的月亮稍微有一点微光，所以叫作旁死魄；初三的月亮才生出光来，所以叫作哉生明；十六的月亮开始有了残缺，所以叫作哉生魄。

翌日、诘朝都是明天的别称；谷旦、吉时都是好时辰吉祥的日子。

片晌是说片刻的时候，日曛是说天将要晚的样子。畴昔、曩者都是前日的别称，黎明、昧爽都是天将破晓的时候。

一个月的时光分为三浣：初旬十日为上浣，中旬十日称为中浣，下旬十日称为下浣；做好学问要充分利用三余的时间，夜晚是白昼之余，冬季是一年之余，下雨天是晴天之余。

诈术可以欺人，譬如狙公饲狙的朝三暮四；为学要求日益进步，须如诗经上说的日就月将。

点起了灯来继续日间尚未完成的工作，形容日夜辛劳。俾昼作夜是说把白天和夜晚的作息弄颠倒了。

一事无成而自觉惭愧，可以说成虚延岁月。与人交谈讲一些客套话，则称为少叙寒暄。

趋炎附势羡富嫌贫，世态炎凉人情冷暖，这是最可憎的表现。东周末年政治宽松，周王室太懦弱了，人民感觉不到寒冷的年份。秦始皇太凶残了，人民感觉不到温暖的岁月。

泰阶的星宿平正，象征国泰民安称为泰平。四时平和风调雨顺则称为玉烛。年岁荒歉叫作饥馑之岁，年岁丰收叫作大有之年。

唐德宗时遇荒年，路上看见一个醉汉，人们便认为是吉祥的征兆。梁惠王时遇大荒灾，城郊野外到处都是饿死的人，实在很可怜。丰年玉、荒年谷都是用来形容一个人品德的珍贵。柴薪贵如桂树，食物的价钱贵如白玉，则用来比喻物价涨到了极点。

春耕时祭神是祈求农作物能丰收，秋收后祭神是报答神明的庇佑，这是农民一定要遵守的习俗。夜深了才去睡觉，一大早就爬起来，是说读书之人应当勤勉做事。

美好的时光一去不再回头，读书人理当珍惜光阴；日月时光容易流逝，有志之士应该及时努力。

◎ 直播课堂

节气指二十四时节和气候，是中国古代订立的一种用来指导农事的补充历法。由于东亚传统农历是"阴阳合历"，即既根据太阳也根据月亮的运行制定的，因此不能完全反映太阳运行周期，但中国又是一个农业国，农业需要严格了解太阳运行情况，农事完全根据太阳进行，所以在历法中又加入了单独反映太阳运行周期的"二十四节气"，用作确定闰月的标准。

地球每365天5小时48分46秒围绕太阳公转一周，每24小时还要自转一次。由于地球旋转的轨道面同赤道面不是一致的，而是保持一定角度的倾斜，所以一年四季太阳光直射到地球的位置是不同的。以北半球来讲，太阳直射在北回归线时，天文上就称为夏至；太阳直射在南回归线时称为冬至；夏至和冬至即指已经到了夏、冬两季的中间了。一年中太阳两次直射在赤道上时，就分别为春分和秋分，也就是到了春、秋两季的中间，这两天白昼和黑夜一样长。反映四季变化的节气有：立春、春分、立夏、夏至、立秋、秋分、立冬、冬至8个节气。其中立春、立夏、立秋、立冬齐称"四立"，表示四季开始。反映温度变化的有：小暑、大暑、处暑、小寒、大寒5个节气。反映天气现象的有：雨水、谷雨、白露、寒露、霜降、小雪、大雪7个节气。反映物候现象的有惊蛰、清明、小满、芒种4个节气。

第二章
善行孝义，兄弟叔侄

"孝"是一个人道德行为的开端，是道德教育的根基，孝是对父母的爱心，对长辈的关心。人世间诸多美德都是以孝为基础衍生出来的，由孝敬父母、爱护子女，推广到全社会的尊老爱幼、感恩师长、感谢众人、感激国家。

祖孙父子

◎ 我是主持人

本篇从介绍生活常用词入手,以比喻方法联系祖孙父子关系,如"兰桂腾芳"意指子孙昌盛显达,"盖父愆"是子为父隐等。各种典故巧妙应用,在讲故事中达到寓教于乐的效果。

◎ 原文

何谓五伦?君臣、父子、兄弟、夫妇、朋友;何谓九族?高祖、曾祖、祖父、父亲、己身、子、孙、曾孙、玄孙。

始祖曰鼻祖,远孙曰耳孙。

父子创造,曰肯构肯堂;父子俱贤,曰是父是子。

祖称王父,父曰严君。

父母俱存,谓之椿萱并茂;子孙发达,谓之兰桂腾芳。

桥木高而仰,似父之道;梓木低而俯,如子之卑。

不痴不聋,不作阿家阿翁;得亲顺亲,方可为人为子。

盖父愆,名为干蛊;育义子,乃曰螟蛉。

生子当如孙仲谋,曹操羡孙权之语;生子须如李亚子,朱温叹存勖之词。

菽水承欢,贫士养亲之乐;义方是训,父亲教子之严。

绍箕裘,子承父业;恢先绪,子振家声。

具庆下，父母俱存；重庆下，祖父俱在。

燕翼贻谋，乃称裕后之祖；克绳祖武，是称象贤之孙。

称人有令子，曰麟趾呈祥；称宦有贤郎，曰凤毛济美。

弑父自立，隋杨广之天性何存？杀子媚君，齐易牙之人心何在？

分甘以娱目，王羲之弄孙自乐；问安惟点颔，郭子仪厥孙最多。

和丸教子，仲郢母之贤；戏彩娱亲，老莱子之孝。

毛义捧檄，为亲之存；伯俞泣杖，因母之老。

慈母望子，倚门倚闾；游子思亲，陟岵陟屺。

爱无差等，曰兄子如邻子；分有相同，曰吾翁即若翁。

孙权长男为主器，令子可克家。

子光前曰充闾，子过父曰跨灶。

宁馨英畏，皆是羡人之儿；国器掌珠，悉是称人之子。

可爱者子孙之多，若螽斯之蛰蛰；堪羡者后人之盛，如瓜瓞之绵绵。

◎ 注释

五伦：又称五常，即君臣、父子、夫妇、兄弟、朋友五种人际关系。古代社会注重名分，每个人必须遵照自己在五伦中所处的地位，恪守伦理道德，恪尽义务，做到君敬臣忠，父慈子孝，夫唱妇随，兄爱弟悌，朋谊友信。九族：与本人有亲缘关系的所有宗支族系。一说"自高祖，下至元孙，凡九族"，一说"九族者，父族四，母族三，妻族二"。

肯构肯堂：父亲肯设计房子，儿子肯建造房子，形容子承父业。

椿萱并茂：椿即椿庭，指代父亲；萱即萱草，指代母亲。椿庭长寿，萱草茂盛，椿萱并茂意为父母长寿健康。兰桂腾芳：芝兰和丹桂一起散发芬芳，比喻子孙昌盛显达。兰指芝兰，桂指丹桂，兰桂比喻子孙。

盖父愆：弥补父亲的过错。干蛊：《易经》中有"干父之蛊"之句，意为儿子能干好而父亲不能干好的事。螟蛉：螺蠃常将螟蛉的幼虫捉去当食物，古人误以为螟蠃是将螟蛉收为义子，因此用螟蛉称义子。

生子当如孙仲谋：孙权，字仲谋。曹操与孙权交战，孙权这边舟船、器仗、军伍整肃，曹操见之，叹曰："生子当如孙仲谋，刘景升（刘表）儿子若豚犬耳！"李亚子：后唐庄宗李存勖，小名亚子。李存勖善战，曾率兵攻破后梁夹寨，后梁太祖朱温叹曰："生子当如李亚子，克用（李存勖之父）为不亡矣！至如吾儿，豚犬耳！"

菽水：菽，豆类的总称。菽水，指豆和水，菲薄的饮食，形容生活清苦。义方：处世的规矩，多指家教。

绍箕裘：继承父辈的事业。《礼记·学记》中说："良冶之子，必学为裘；良弓之子，必学为箕。"后用箕裘比喻父辈的事业。恢先绪：把先辈的事业发扬光大。

具庆下：古时填写履历，父母俱存的，书"具庆下"；若母亡父在，书"严侍下"；父亡母在，书"慈侍下"；父母俱亡，书"永感下"。重庆下：指祖父母、父母都健在。

燕翼贻谋：像燕子用羽翼照顾乳燕一样给后代留下谋生之道。《诗经·大雅》："贻厥孙谋，以燕翼子。"裕后：能让后代富裕。克绳祖武：能继承祖辈的事业。克，能，胜任。绳，继承。《诗经·大雅》："昭兹来许，绳其祖武。"

麟趾：麒麟的脚趾，比喻宗室贵族的子弟。凤毛：凤凰的毛，比喻先人的珍贵风采。济美：继承先人的事业并发扬光大。

杨广：隋炀帝，他杀死自己的父亲隋文帝，自立为皇帝。易牙：战国时齐国人，善于烹饪，他把自己的儿子杀了，烹给齐桓公吃，从而得到桓公重用。

分甘以娱目：王羲之曾写信给友人，说自己率子孙游玩，"有一味之甘，割而分之，以娱目前"。问安惟点颔：唐代大将郭子仪有八子七婿，孙子也有数十个，每次孙子问安，他都不能分辨，只是点头而已。

和丸教子：唐朝柳仲郢的母亲教子有方，她用熊胆和成丸子，让儿子在夜间读书时嚼食，用以提神。戏彩娱亲：春秋时楚国的隐士老莱子七十多岁时还穿着五彩衣，学婴儿啼哭，假装跌倒，逗父母高兴。

毛义捧檄：东汉的毛义为了养活母亲，接受檄书去做官。母亲过世后，他就辞官回家。伯俞泣杖：汉代人韩伯俞是位孝子，一次他犯了过错，母亲拿棍子打他，他哭起来，母亲问他以前为何不哭，他答曰："他日俞得罪，笞尝痛。今母之力衰，不能使痛，是以泣也。"（汉代刘向《说苑》）

倚门倚闾：战国时，王孙贾在齐湣王身边做侍臣，湣王因乱出走，下落不明。王孙贾回家，母亲对他说："你平时如若晚归，我倚门而望；你晚上出去不回来，我倚闾而望。你既然是大王的侍臣，竟然不知道他去哪儿了，那你还回家干什么？"（《战国策·齐策六》）后以"倚门倚闾"比喻长辈对子女的盼望和爱护。陟岵陟屺：登上有草木的山瞻望父亲，登上无草木的山瞻望母亲。陟，由低处向高处攀登。岵，有草木的山。屺，无草木的山。《诗经·魏风·陟岵》："陟彼岵兮，瞻望父兮；陟彼屺兮，遥望母兮。"

吾翁即若翁：楚汉战争时，项羽抓到刘邦的父亲，以烹杀其父要挟刘邦，刘邦说："我和你同时受楚怀王之命，结为兄弟，我的父亲就是你的父亲，你要烹杀他，请分我一杯羹。"

主器：掌管祭器，后代指长子或太子。令子：称别人家的好儿子。克家：继承家业。

充闾：喜气充满门闾。据说晋代贾充出生时，他父亲认为他以后会带来有充满门闾的喜气，于是给他起名为充，字公闾。跨灶：马的前蹄之上有空处，名为"灶门"，骏马奔驰时，后蹄落地的印痕在前蹄印痕之前，即为跨灶。常用来形容儿子超过父亲。

宁馨：即宁馨儿，意为"这样的孩子"，常用来赞美孩子或子弟。英

畏：形容人英俊威武。国器：国家的栋梁。掌珠：掌上明珠，指极为疼爱的人。

螽斯：螽斯是一种昆虫，繁殖力强，善鸣。古人常用螽斯之多比喻子孙之众。《诗经·周南·螽斯》："螽斯羽，揖揖兮。宜尔子孙，蛰蛰兮。"瓜瓞之绵绵：比喻子孙繁衍，相继不绝。瓞，小瓜。

◎ 译文

什么叫作五伦？就是君臣、父子、夫妇、兄弟、朋友。什么称为九族？就是高祖、曾祖、祖父、父亲、自己、儿子、孙子、曾孙、玄孙。

家族的始祖称鼻祖，远代的孙子叫耳孙。父子创业由儿子继承叫作肯构肯堂；父子都有贤名叫是父是子。

祖父又称作王父，父亲也可称为严君。父母都健在称作椿萱并茂；子孙都发达，譬如芝兰桂树先后散发芬芳，谓之兰桂腾芳。子肖其父，桥树高而上仰，好似做父亲的尊严，梓木低而下俯，如同做儿子的卑恭。

不装聋作哑就不能当公公婆婆；顺从父母的心意，得到父母的赞许，才称得上尽了为人子的本分。

掩饰父亲的过失叫作干蛊，养育别人生的儿子叫作螟蛉。

生子当如孙仲谋这是曹操赞羡孙权的话；生子须如李亚子，这是朱温感慨自己儿子不如李存勖的话。

用菽水来博取尊亲的欢喜，让老人颐养天年，这是贫穷人家奉养父母的天伦之乐。训以义方，父亲应当教育子女做人的法则规矩，这是贤父爱护儿子的心意。绍箕裘是说继承父辈的事业，才能够昌盛后嗣，把先辈的事业发扬光大，方不辱父母的声名。

具庆下是父母都健在的代称；重庆下是祖父母及父母皆在的意思。善为子孙计谋，称为燕翼；能继承先贤的子孙叫作象贤。

夸奖别人有佳儿称为麟趾呈祥，如同麒麟有趾，显出他仁厚的祥瑞；

赞扬官宦有贤郎称为凤毛济美,家中有了佳儿,好像凤凰的羽毛,可以助文采的华美。

杨广杀了自己的父亲而登上皇位,他的天性何在?易牙烹了自己的儿子给齐桓公吃,他的人心何在?

王羲之牵子抱孙,每有美味食品,都分给儿孙们吃,常享天伦之乐;郭子仪孙子众多不能尽识,每次问安只能点头示意。为了教育儿子,柳仲郢的母亲和熊胆为丸,使仲郢夜嚼以佐勤苦,她的贤德于此可见。为使双亲愉悦,老莱子七十多岁了,还穿着五彩衣服做婴儿状,他的孝心实在可感。毛义捧着仕官的公文而高兴,为的是使母亲快乐;韩伯俞受了杖责忽然哭泣,这是因为母亲年老体衰,打在身上不觉得痛。

慈母盼儿归来,有时站在门口有时站在巷口张望等候;游子思念亲人,屡屡登山眺望故乡。家中的长男才能主管祭祀的礼器,家中有了佳儿,才能承继祖先的事业。

父亲望他的儿子光宗耀祖可以称为充闾;儿子的才能胜过他的父亲称为跨灶;宁馨、英畏都是用来称羡别人的儿子超凡脱俗;国器、掌珠都是用来赞美别人的儿子才能卓著极受钟爱。

最可爱的是子孙众多,好像螽斯一样,团团集聚在一起。赞美子孙昌盛繁衍,好像瓜瓞一样绵绵滋生。

◎ 直播课堂

中国最早的一部解释词义的著作《尔雅》对于"孝"下的定义是:"善事父母为孝"。汉代贾谊的《新书》定义为"子爱利亲谓之孝"。东汉许慎在《说文解字》的解释是:"善事父母者,从老省、从子,子承老也"。许慎认为,"孝"字是由"老"字省去右下角的形体,和"子"字组合而成的一个会意字。从这里我们可以看出,"孝"的古文字形与"善事父母"之义是吻合的,因而孝就是子女对父母的一种善行和美德,是家庭中晚辈在处理与长辈的关系时应该具有的道德品质和必须遵守的行为规范。

对于赡养父母仅仅有"养"还不够，更重要的是在赡养的过程中体现出的"敬"。每个人生下来都离不开父母亲人的养育，在这种养育的亲密关系中，子辈自然会形成对养育自己的父母亲人的爱戴、尊敬之情。父母是自己生命所由，也是人际关系中最自然、最亲密的人际关系。因此，不难想象，一个人连给予自己生命的父母都不爱不敬，又怎么能对他人、社会、国家有爱呢？怎么会有健全的人格呢？

传统孝道中所讲的"养亲敬亲"思想在任何人类社会中都是普遍适用的，所以它在人类社会中具有永恒的价值。

兄弟

◎ 我是主持人

本篇讲述的是兄弟之间的关系与相处的哲学。兄弟是指由婚姻或生育而产生的人际关系，同父或同母所生的男孩之间的血缘关系，后来用于表述家族内同辈分或者社会交往中感情很好的男性（女性）朋友关系，现在也指关系好的朋友。从本篇中我们可以看到兄弟的情谊的重要性。

◎ 原文

天下无不是底父母，世间最难得者兄弟。

须贻同气之光，毋伤手足之雅。

玉昆金友，羡兄弟之俱贤；伯埙仲篪，谓声气之相应。

兄弟既翕，谓之花萼相辉；兄弟联芳，谓之棠棣竞秀。

患难相顾，似鹡鸰之在原；手足分离，如雁行之折翼。

元方季方俱盛德，祖太邱称为难弟难兄；宋郊宋祁俱中元，当时人号为大宋小宋。

荀氏兄弟，得八龙之佳誉；河东伯仲，有三凤之美名。

东征破斧，周公大义灭亲；遇贼争死，赵孝以身代弟。

煮豆燃萁，谓其相害；斗粟尺布，讥其不容。

兄弟阋墙，谓兄弟之斗狠；天生羽翼，谓兄弟之相亲。

姜家大被以同眠，宋君灼艾而分痛。

田氏分财，忽瘁庭前之荆树；夷齐让国，共采首阳之蕨薇。

虽曰安宁之日，不如友生；其实凡今之人，莫如兄弟。

◎ 注释

埙：一种用陶土烧制的吹奏乐器。篪：古时用竹管制成的乐器。伯埙仲篪：兄长吹埙，兄弟奏篪，音声相和。形容兄弟和睦相处。《诗经·小雅·何人斯》："伯氏吹埙，仲氏吹篪。"

翕：和好，一致。花萼、棠棣：比喻兄弟。

鹡鸰：一种鸟的名字，常用来比喻兄弟。《诗经·小雅·常棣》："鹡鸰在原，兄弟急难。"雁行：像大雁一样并行，引申为有次序的排列，常用来借指兄弟。

元方季方：东汉陈寔有子陈纪字元方、陈谌字季方，两人皆以才德著称。元方的儿子长文与季方的儿子孝先各论其父功德，争之不能决，问于陈寔，陈寔说："元方难为兄，季方难为弟。"意思是两人的才德难分高下。（《世说新语·德行》）宋郊宋祁：北宋人，宋仁宗天圣二年（1024年），两人都考中状元，时人称他们为"大宋小宋"。

八龙：东汉的荀淑有八个儿子，都很有才能，时人称他们为荀氏八龙。三凤：唐朝河东人薛收和堂兄薛元敬、族兄薛德音都很有名，被称为河东三凤。

东征破斧：周武王死后，周成王年幼，由周公代摄朝政，武王的弟弟管叔和蔡叔不服，于是勾结外人发动叛乱。周公兴师东征，把斧子和刀都砍坏了，最后大义灭亲，杀掉了叛乱的管叔和蔡叔。遇贼争死：西汉末年，战乱不断，饿殍遍野，人们以人为食。有一伙强盗抓住了赵孝的弟弟赵礼，要把他吃掉，赵孝知道消息后，把自己绑起来去见强盗，要代弟弟去死，强盗被赵孝的行为震惊和感动，于是放了他们。

煮豆燃萁：魏文帝曹丕继位后，嫉妒弟弟曹植的才华，想杀掉他，于是令他在七步之内作出一首诗，不然性命不保。曹植略一思索，作诗曰："煮豆燃豆萁，豆在釜中泣。本是同根生，相煎何太急？"后用煮豆燃萁比喻兄弟间互相残杀。斗粟尺布：汉文帝的弟弟淮南王刘长谋反，事败后被流放到蜀地，绝食而死。百姓作歌曰："一尺布，尚可缝，一斗粟，尚可舂，兄弟二人不相容。"

大被以同眠：后汉姜肱，家世名族，肱与二弟仲海，俱以孝著闻。常共卧起，及各娶妻，兄弟相恋，不能别寝。形容兄弟十分友爱。灼艾而分痛：宋太祖之弟赵匡义一次病得厉害，太祖亲为其烧艾火治病。匡义感觉疼痛，太祖取艾自灼，以示分痛。喻兄弟友爱。

田氏分财：隋朝时有田真、田庆、田广兄弟三人，在各自妻子的鼓动下商议分家，并计划将堂前的紫荆树也一分为三。次日清晨，紫荆树开始枯萎，兄弟三人见状，深为感动，决定不再分家，从此和睦相处，紫荆树也重新枝繁叶茂。夷齐让国：伯夷、叔齐是商朝孤竹君的两个儿子，孤竹君欲立叔齐为国君，但叔齐认为兄长伯夷比自己贤良，应该传位于伯夷。可是，伯夷自称不如叔齐，也拒绝继位。二人相让不下，于是一起离国，投奔周文王。当时文王已薨，武王正准备伐纣，伯夷、叔齐认为武王伐纣是不义之举，于是又不食周粟，采薇首阳山下，最终饿死。

◎ 译文

天下没有不为孩子的父母，世间最难得的是兄弟。必须保持同胞的情谊，互致同气连根的荣光，切莫损伤手足的交往与情分。

玉昆金友比喻兄弟皆具才能贤德；伯埙仲篪形容兄弟间意气相合亲密无间。

兄弟和睦友爱谓之花萼相辉；兄弟都才华横溢流芳于世，称作棠棣竞秀。兄弟间患难与共，彼此顾恤喻为鹡鸰在原；手足分离则如同飞雁被折断了翅膀一样。

汉代陈元方、季方皆有美盛之德，他的父亲难于分出其上下。宋代宋郊、宋祁都中状元，时人号为大宋小宋。

汉代荀淑育有八子并有才名，赢得八龙的佳誉；唐代薛收与薛德音、薛元敬叔侄三人齐名，有三凤的美名。

周公为了社稷大义东征三年，杀了叛乱的弟弟；汉代赵礼遇贼，赵孝欲代弟而死兄弟俩为此而争执。

煮豆燃萁比喻骨肉兄弟自相残害；斗粟尺布讥讽兄弟之间互不相容。

兄弟感情生变，互不相容在墙根下争斗称为兄弟阋墙。兄弟阋墙尚可同御外来的欺侮，天生羽翼则是指兄弟为手足，如上天赐予的羽翼，生来便需互相扶持，共同抵御外来的仇敌。

后汉姜肱天生友爱，做了长枕大被兄弟同眠；宋太祖因弟弟有病灼艾觉痛，便也灼艾以分痛。

隋朝田氏兄弟分家产，屋前紫荆树忽然枯萎；商末伯夷、叔齐互相让位，商朝亡后共同避居首阳山，采薇菜而食。

虽然说安宁的日子，兄弟不如朋友亲密，但在世上却没有什么比得上兄弟之间情谊的深重。

◎ 直播课堂

兄弟就像手心和手背：当抚摸柔软感受温暖的时候，让给了弟弟；当抵御寒冷迎接挑战的时候，有哥哥的保护。兄弟，有福可能不必同享，但有难必定同当。兄弟，简单两个字却承载了太多的感情！兄弟二字一直为大家所传扬，如今也越来越多用在日常中对于朋友和陌生人的称呼，拉近了人与人之间的距离，打断了冷漠的隔阂。

夫妇

◎ 我是主持人

男女二人结成的合法婚姻关系，也作"夫妻"。时代不同，结成夫妇的条件也不尽相同。当代社会，只要通过正规手续办理结婚登记，领取结婚证就可成为受法律保护的夫妻。而中国的古代有句话叫"婚姻之事，父母之命，媒妁之言"——由此可见，古代成婚必须需要有媒人穿针引线才能得到大家的认可。在那时候，就算你对外说自己结婚了，但要是没有媒人的参与，那也是不被认可的，被称为"无媒苟合"。不同时代，要成为一对合法的，得到认可的夫妇，还是要遵循当时的明文规定或者风俗传承。

◎ 原文

孤阴则不生，独阳则不长，故天地配以阴阳；男以女为室，女以男为家，故人生偶以夫妇。

阴阳和，而后雨泽降，夫妇和，而后家道成。

夫谓妻曰拙荆，又曰内子；妻称夫曰藁砧，又曰良人。

贺人娶妻，曰荣偕伉俪；留物与妻，曰归遗细君。

受室即是娶妻，纳宠谓人娶妾。

正妻谓之嫡，众妾谓之庶。

称人妻曰尊夫人，称人妾曰如夫人。

结发系是初婚，续弦乃是再娶。

妇人重婚曰再醮，男子无偶曰鳏居。

如鼓瑟琴，夫妻好合之谓；琴瑟不调，夫妇反目之词。

牝鸡司晨，比妇人之主事；河东狮吼，讥男子之畏妻。

杀妻求将，吴起何其忍心；蒸梨出妻，曾子善全孝道。

张敞为妻画眉，媚态可哂；董氏为夫封发，贞节堪夸。

冀郤缺夫妻，相敬如宾；陈仲子夫妇，灌园食力。

不弃糟糠，宋弘回光武之语；举案齐眉，梁鸿配孟光之贤。

苏蕙织回文，乐昌分破镜，是夫妇之生离；张瞻炊臼梦，庄子鼓盆歌，是夫妇之死别。

鲍宣之妻，提瓮出汲，雅得顺从之道；齐御之妻，窥御激夫，可称内助之贤。

可怪者买臣之妻，因贫求去，不思覆水难收；可丑者相如之妻，夤夜私奔，但识丝桐有意。

要知身修而后家齐，夫义自然妇顺。

◎ 注释

室：妻室。家：家庭。

拙荆、内子：古时丈夫对自己妻子的谦称。藁砧、良人：古时妻子对自己丈夫的称谓。

伉俪：指夫妇。细君：对妻子的谦称。

牝鸡司晨：母鸡打鸣报晓，常用来比喻妇女掌握朝政。《尚书·牧誓》："牝鸡无晨。牝鸡之晨，惟家之索。"河东狮吼：北宋人陈季常，自称龙丘先生，喜好宾客，蓄纳声妓。但他的妻子柳氏非常凶妒，所以，他的好友苏东坡给陈季常写了首打油诗："龙丘居士亦可怜，谈空说有夜不眠；忽闻河东狮子吼，拄杖落手心茫然。"（宋洪迈《容斋三笔·陈季常》）后以"河东狮吼"来形容妻子凶悍。

杀妻求将：战国时齐国攻打鲁国，鲁国想起用吴起为将，但又担心吴起的妻子是齐国人，于是吴起杀掉自己的妻子，取得了鲁国的信任。蒸梨出妻：相传曾参对后母非常孝顺，一次他的妻子给后母吃的梨没有蒸熟，曾参就把妻子休了。

张敞为妻画眉：汉宣帝时的京兆尹张敞与妻子恩爱情笃，每天都为他的妻子画眉，而且技艺十分娴熟。有人认为张敞轻佻不雅，有失体统，抓住这点弹劾他。宣帝询问张敞，他说："自古夫妇之间有甚于画眉者。"于是宣帝不再追究，并将他们作为夫妻恩爱的典范。董氏为夫封发：唐朝人贾直言被贬岭南，生死难料，他劝妻子改嫁，妻子执意为他守节，并将头发用帛封起来。二十年后贾直言回家，董氏的头发依然封包如故。

郤缺：郤缺之父郤芮在晋惠公时为大夫，因反对晋文公归国而被杀。晋文公即位后，郤缺因是罪臣之子，不得入仕，于是跟妻子躬耕于冀野。一次，晋文公的大臣胥臣路经冀野，看见郤缺在田里锄草，其妻送饭到田间，二人相敬如宾，很受感动。胥臣回去以后，向晋文公推荐郤缺，说他是有德君子，可以治民，于是晋文公任命郤缺为下军大夫。陈仲子：名定，也叫陈仲、田仲、於陵中子等，是战国时的著名贤士，他不愿做官，为人灌园，自食其力。

不弃糟糠：光武帝刘秀想把自己的姐姐嫁给宋弘，让宋弘休了他的妻子，宋弘回答说："贫贱之交不可忘，糟糠之妻不下堂。"婉言谢绝了光武帝的"美意"。举案齐眉：东汉初年的隐士梁鸿，其妻孟光非常贤惠，她给梁鸿端饭时把托盘举得跟眉毛一样高，显示对丈夫的尊重。后用来形容夫妻互相尊敬。

苏蕙织回文：十六国时前秦刺史窦滔因罪被戍流沙，其妻苏蕙织《回文璇图诗》赠给他。乐昌分破镜：南朝陈灭亡时，乐昌公主与丈夫徐德言将铜镜一分为二，各执一半，作为将来相认的信物。后来他们果然破镜重圆。张瞻炊臼梦：商人张瞻在外，梦见在舂米的臼中煮饭，就找王生解梦。王生说，臼中无釜，是"无妇"的意思，他的妻子可能已经亡故了。张瞻回家一看，果然如此。庄子鼓盆歌：庄子的妻子死后，他不仅不悲伤，而且敲着盆唱歌。

鲍宣之妻：东汉鲍宣清苦好学，他的老师把女儿许配给他，妆奁甚盛。鲍宣对妻子说："吾实贫贱，不敢当礼。"他的妻子就换上粗布衣裳，跟他一起推车回家。回家拜见公婆后，他的妻子就提着瓦罐出去打水。齐御之妻：齐国丞相晏子的车夫的妻子，一次见到丈夫为晏子驾车，扬扬自得，就对他说："晏子不过六尺高，就做了齐国丞相，你身高八尺，做驾车的奴仆，是安于贫贱罢了。"于是车夫注意修身，谦虚向学，后来晏子推荐他做了大夫。

覆水难收：汉会稽太守朱买臣，未入仕时穷困不堪，靠卖柴度日。相传他的妻子嫌他穷困离他而去，在买臣为官之后，以前的妻子又来找他，希望重归于好。买臣以泼出去的水不可能再收回来为由拒绝了她。丝桐有意：西汉时临邛大户卓王孙邀请临邛令、司马相如等宴饮。当时卓王孙的女儿卓文君新寡在家，司马相如佯装应临邛令之请，用丝桐做的琴弹奏《凤求凰》以暗示卓文君。文君听后动情，就连夜与司马相如私奔，去了成都。（《史记·司马相如列传》）

◎ 译文

　　只有阴不能创造生命，只有阳也不能养育万物，所以天地阴阳须调和而后才会降下雨露；男子娶了女子才能组合成家庭，女子嫁给了男子才有了自己的家，夫妇和睦协调，家道方算有成。丈夫对人称自己的妻子为内子又称拙荆，妻子称丈夫为良人。

　　祝贺别人娶妻说偕伉俪；留物给妻子叫遗细君。受室是说自己娶妻，纳宠是说人家买妾。称人家正室为尊夫人；称人家的妾叫如夫人。

　　结发是指初次结婚，续弦是妻死再娶的别称。妇人再嫁称再醮；男子丧偶称为鳏居。

　　如鼓瑟琴比喻夫妇感情和谐；琴瑟不调是说夫妇反目不和。

　　牝鸡司晨是说妇人掌权干预外事；河东狮吼讥讽丈夫畏惧妻子。

　　蒸梨不熟便离弃妻子，曾子能善全孝道；杀了妻子以求将位，吴起怎么狠得下心肠。

　　张敞为妻子画眉，儿女的情态真是可爱；董氏当着丈夫的面，把头发封住，其贞节实在值得夸耀。

　　冀邑郤缺夫妇在田间耕作，仍能相敬如宾；陈仲子夫妇替别人灌园谋生，自食其力不仰赖其兄。

　　同吃糟糠的妻子，不可抛弃，宋弘真是一位有节义的丈夫；每次送食举起的案总和眉齐高，梁鸿喜得互相尊敬的贤妇。

　　乐昌公主分破镜，苏蕙织锦回文，这些都是说夫妇生离的悲怆。张瞻梦见在臼中做饭，庄子鼓盆而歌，说的都是夫妇的死别。

　　鲍宣的妻子出身富家，仍亲自提瓮汲水，这样顺从的内助自可称贤。齐国丞相晏子的车夫的妻子激励他虚心向学，可称得上是贤内助。

　　朱买臣的妻子当受责备，贫困时求去，富贵后又要回来，却不想想泼出去的水是很难再收回来的；司马相如的妻子真丢人，听见琴声挑逗，竟在半夜里私奔而去，只因为听到的琴音很是有意。

要知道提高自身品德的修养，而后才能治理好家庭；丈夫对待妻子有礼仪情谊，妻子自然会顺从谦恭。

◎ 直播课堂

夫妻是指男女双方结成的婚姻关系。男女结婚成为夫妻，双方具有特定身份，与其他两性关系有着本质的区别。夫妻以家庭的方式组成社会重要的一环，对建设和谐社会、促进社会进步起着重要的作用。

叔侄

◎ 我是主持人

叔侄的关系历来就特别复杂。本篇系统地讲述了叔叔和侄子相处方面的哲学道理。

◎ 原文

曰诸父、曰亚父，皆叔父之辈；曰犹子、曰比儿，俱侄儿之称。

阿大中郎，道韫雅称叔父；吾家龙文，杨素比美侄儿。

乌衣诸郎君，江东称王谢之子弟；吾家千里驹，苻坚羡苻朗为侄儿。

竹林，叔侄之称；兰玉，子侄之誉。

存侄弃儿，悲伯道之无后；视叔犹父，羡公绰之居官。

卢迈无儿，以侄而主身之后；张范遇贼，以子而代侄之生。

◎ 注释

诸父：统称，指诸位伯父、叔父。亚父：仅比父亲差一点，对叔伯的尊称。犹子：像儿子一样。比儿：跟儿子类似。

阿大中郎：东晋谢安的侄女谢道韫嫁给王羲之的儿子王凝之。她觉得不称意，谢安问起时，她说："一门叔父，则有阿大、中郎；群从兄弟，则有封胡遏末（指谢韶、谢朗、谢玄、谢琰四人），不意天壤（天地）之中，乃有王郎！"（《世说新语·贤媛》）龙文：骏马名。比喻才能出众的儿童。《北齐书·杨愔传》："此儿驹齿未落，已是我家龙文；更十岁后，当求之千里外。"这是杨愔的叔父杨昱（这里误作杨素）赏识侄儿的话。

乌衣诸郎君：指东晋贵族王导、谢安的子弟，他们都住在乌衣巷，被人称为"乌衣郎君"。千里驹：前秦皇帝苻坚曾夸奖他的侄儿苻朗为千里驹。

竹林：魏晋时的竹林七贤中，阮籍、阮咸是叔侄，后人就借用竹林来指代叔侄。兰玉：即芝兰玉树，常用来比喻优秀的子弟。谢安曾问他的侄子们："你们又何尝需要过问政事，为什么总想培养孩子成为优秀子弟？"大家都不说话，只有车骑将军谢玄回答说："这就好比芝兰玉树，总想使它们生长在自家的庭院中啊！"（《晋书·谢安传》）

存侄弃儿：晋代邓攸，字伯道，在战乱时去南方避乱，途中遇到盗贼，他只能带一个孩子逃走，他弟弟早已过世，于是他就把弟弟的孩子带走，把自己的孩子抛弃。视叔犹父：唐人柳公绰和其子柳仲郢对叔父非常尊重，就像对待自己的父亲一样。

卢迈：唐代人，字子玄。他娶了两房妻室都没有生出儿子，别人劝他纳妾，他说："兄弟的儿子就像是自己的儿子一样，将来可以照料我。"张范：三国时魏国人。曾有盗贼抓取他的儿子和侄儿，他去说情，强盗把儿子交还给他，他却提议用自己的儿子交换侄儿，于是强盗将他的儿子侄子都放了。

◎ 译文

"诸父""亚父"都是称呼叔父辈的人;"犹子""比儿"都是对侄子辈的爱称。

谢道韫称自己家的叔父辈为"阿大中郎",杨素称赞他的侄儿杨惔为"吾家龙文"。

江东望族王导、谢安的子弟们都住在乌衣巷,人称他们为"乌衣诸郎君";前秦皇帝苻坚夸奖他的侄儿苻朗为"吾家千里驹"。

"竹林"用来指代叔侄,"兰玉"用来比喻优秀的子弟。

把侄儿带走,把儿子抛弃,这是晋代邓攸的义举,人们都可怜他没有后代;像对待自己的父亲一样尊重叔父,这是唐人柳公绰做官之后的德行,人们都羡慕他懂得孝道。

卢迈没有儿子,他却说兄弟的儿子就像是自己的儿子一样,将来可以照料他;张范的儿子和侄子被盗贼抓走,只把儿子交还给他,他却提议用自己的儿子代替侄儿去死。

◎ 直播课堂

叔父是一种亲属关系的称谓,指父亲的弟弟。要注意的是,"叔"有时是指小叔(或作小叔子、叔仔),即丈夫的弟弟。叔父的妻子称"叔姆"或"叔母"或"婶婶""大婶"及"阿婶"。

在中国历史中,皇太叔(简称太叔)为皇帝的叔父,与皇太子、皇太孙、皇太弟相同,均为皇帝正式继承人的封号,但因传统封建宗法下排名较其他为后。在现代社会关系中,"叔叔""大叔"及"阿叔"也可用于泛指一些没有血缘关系的长辈,也可指较父亲年轻的男性长辈。

第三章
宾朋友谊，婚姻伦理

美满的姻缘，可以说是前世的缘分缔结而成；称心的配偶是由上天撮合而成。"十年修得同船渡，百年修得共枕眠"，我们要学会珍惜一起迈入婚姻殿堂的那个人，互相适应，互相尊重，让家真正成为一个休憩的港湾。

婚姻

◎ 我是主持人

　　婚姻属于是管控型伦理，爱情属于自愿型伦理。在古代几乎全世界都在搞包办婚姻，这是在强调婚姻伦理（管控型伦理）主导男女关系的一切。长期以来受古代伦理的影响，一直没有爱情伦理与爱情伦理关系的概念，变成"恋爱为婚姻做准备"，其逻辑就是爱情只是一种选择准备的过程，一定要等到结婚才能有神圣性。其实只要你们愿意，爱情关系本身就能产生神圣性。

◎ 原文

　　良缘由夙缔，佳偶自天成。

　　蹇修与柯人，皆是媒妁之号；冰人与掌判，悉是传言之人。

　　礼须六礼之周，好合二姓之好。

　　女嫁曰于归，男婚曰完娶。

　　婚姻论财，夷虏之道；同姓不婚，周礼则然。

　　女家受聘礼，谓之许缨；新妇谒祖先，谓之庙见。

　　文定纳采，皆为行聘之名；女嫁男婚，谓了子平之愿。

　　聘仪曰雁币，卜妻曰凤占。

　　成婚之日曰星期，传命之人曰月老。

　　下采即是纳币，合卺系是交杯。

执巾栉，奉箕帚，皆女家自谦之词；娴姆训，习内则，皆男家称女之说。

绿窗是贫女之室，红楼是富女之居。

桃夭谓婚姻之及时，摽梅谓婚期之已过。

御沟题叶，于祐始得宫娥；绣幕牵丝，元振幸获美女。

汉武对景帝论妇，欲将金屋贮娇；韦固与月老论婚，始知赤绳系足。

朱陈一村而结好，秦晋两国以联姻。

蓝田种玉，雍伯之缘；宝窗选婿，林甫之女。

架鹊桥以渡河，牛女相会；射雀屏而中目，唐高得妻。

至若礼重亲迎，所以正人伦之始；《诗》首好逑，所以崇王化之原。

◎ 注释

缘：缘分，姻缘。夙缔：早就注定了。夙，早。缔，结。偶：配偶、夫妻。天成：上天成就的。

謇修：《楚辞·离骚》中有这样一句话："吾令謇修以为理。"王逸注："謇修，伏羲氏之臣也。"而刘良注："令謇修为媒以通辞理也。"后来称媒人为"謇修"。《歧路灯》有"只为谭宅此时謇修联影，也就水语聒聪。"柯人：《诗经》中写道："伐柯如何？匪斧不克。娶妻如何？匪媒不得。"后来也称媒人为"柯人"。冰人：《晋书·索统传》中记载，索统通占卜善解梦，有人梦见自己站在冰上与冰下的人通话，索统解说道："冰上是阳，冰下则为阴，你在冰上与冰下人说话，是为阴阳作媒介。"此人不久果然为人做媒。后来则称媒人为"冰人""冰媒""冰上人""冰台"。掌判：《周礼》中有"掌万民之判"的说法。郑玄注："判，半也。得藕为合，主合其半，成夫妇也。"就是把媒人称为"掌判"。传言：传话的人，这里指传达男女两家的话，就是我们说的媒人。

六礼：古时候，婚嫁的六个礼仪程序。指纳采、问名、纳吉、纳征、

请期、亲迎六种礼节。好合：结合的意思。

于归：古时候称女子出嫁为"归"，《诗经》中有"之子于归"的说法。完娶：完成娶亲的意思，是婚嫁礼仪的最后一个程序。

夷虏之道：古代指边远落后的野蛮民族的愚昧行为。夷虏，古时候对中原以外的民族的称呼。同姓不婚：婚姻禁忌，始于周代。同姓不婚是最根本的方法，可以起到维系人伦的作用。

聘礼：男方派人到女方家送礼品，表示愿意娶女方为妻，女方收下礼品，则表示应允。许缨：许婚的意思。缨，绳子。女子同意嫁人，就系上一条绳子，表示已有归属。谒：拜见或进见的意思。

文定：订婚的意思。男方确定婚期后，就把日期写在婚帖上，然后备礼通知女方。行聘：下聘礼的意思。子平之愿：子平就是汉代人向长，字子平。向长在女儿出嫁、儿子娶妻之后就去游览五岳名山，然后再也没有回来。

聘仪：行聘的礼物。雁币：因为雁不再次寻偶，所以将雁作聘礼叫雁币。凤占：卜妻的意思。春秋时期，齐国大夫懿氏想把女儿嫁给陈敬仲而占卜吉凶，他的妻子占卜得吉，是"凤凰于飞，和鸣锵锵"。

星期：农历七月初七。民间传说牛郎织女相会的日子。《诗经》中"三星在天"是描写结婚的晚上，后来就把结婚的日子叫作星期。月老：月下老人，民间传说专门司掌人间婚姻的神仙。

下采：纳彩礼。男方向女方下聘礼。合卺：新人进洞房，揭开新娘头盖行合卺礼。卺，古代结婚时用的酒器。

执巾栉：侍奉丈夫沐浴梳头。古代用"执巾栉"为妻子的谦称。奉箕帚：拿着撮箕扫帚清扫门庭，后来用"箕帚"作为妻子的代称。娴姆训：熟悉女教师的训诫。姆，古代指能以妇道教育未出嫁女子的老妇。习内则：学习古代贵族妇女侍奉父母、舅姑的礼节，还有贵族子弟侍奉长辈的礼节。

绿窗：绿色的窗户，指贫穷女孩子住的房子。红楼：红色的绣楼，是富家女住的楼阁。白居易有诗："绿窗贫家女，衣上无珍珠，红楼富家女，金缕绣罗襦。"

桃夭：《诗经》有"桃之夭夭"名篇。歌颂女子出嫁，后来则用它来描写女子出嫁及时，也泛指男女青年及时娶嫁。摽梅：摽是落下的意思。指梅子成熟以后落下来。《诗经》中也有"摽有梅，其实七兮"的句子，指女子已过了出嫁的年龄。

御沟题叶：唐代人于祐曾在皇宫水沟中拾到一片有宫女题诗的树叶，于是于祐也题诗于树叶上，然后让树叶漂回宫中，恰巧又被该女子捡到。后来皇帝放宫女出嫁，于祐与娶回的宫女一谈，才知道此女正是那位与自己互相题诗的宫女。绣幕牵丝：唐代宰相张嘉贞想让荆州都督郭元振做他的女婿，于是对郭元振说："我有五个女儿，各拿着一根丝在幕后，你任牵一根，牵到谁，就让她嫁给你。"结果郭元振得到他的三女儿。后来指促成缔结婚姻为牵线或牵丝。

金屋贮娇：汉武帝刘彻小的时候，其姑母长公主指着左右侍女让他挑妻，他都不要。姑母最后指着自己的女儿阿娇问："阿娇好吗？"刘彻笑着说："好！若得阿娇作妇，当作金屋贮之也。"后来，武帝果然娶阿娇，并立她为皇后。后来用"金屋贮娇"形容宠爱妻妾，也指娶妻或纳妾。韦固与月老论婚：韦固，唐朝人，传说唐代韦固年少时路经宋城，看见月光之下有一老人席地而坐，正在那里翻一本书，而他身边则放着一个装满红色绳子的大布袋。只要系到男女双方的脚上，任他们互为仇家、贫富不同或相距再远，也注定要成为夫妻。后来用"月下老人"为媒人的代称。

朱陈：古村的名字，村中只有陈姓和朱姓两族人，所以两姓世代联姻。唐白居易《朱陈村》诗序："徐州古丰县，有村曰朱陈。……一村唯两姓，世世为婚姻。"后来用"朱陈之好"称两家结成姻亲。秦晋：春秋时，秦晋两国国君世代互为婚嫁。后称联姻、婚配关系为"秦晋之好"，泛指两家联姻。

蓝田种玉：蓝田为山的名字，在陕西省蓝田县东南。雍伯：应为伯雍，即杨伯雍。杨伯雍行孝好义，于是有人送他一颗石头说，种下去可以长出美玉，也可以娶得好妻子。后来杨果然得到了美玉，并用此作为聘礼娶到徐氏娇女。宝窗选婿：李林甫为了选女婿，他在墙上开一个暗窗，每有弟子来拜见，就让她的六个女儿在窗下观看，自选女婿。

鹊桥：传说织女和牛郎情投意合，心心相印。可是，却被王母分隔银河两岸，每年只准他们在七月七日相会一次。这天晚上让喜鹊架成桥梁，使他们夫妻相会欢聚。射雀屏：隋朝窦毅的女儿，才貌出众，窦毅认为自己的女儿不能随便嫁与他人。于是窦毅在屏风上画了两只孔雀，约定射中孔雀眼睛的，就把女儿许配给他。李渊两箭各射中一目，遂迎娶其女，就是后来的窦皇后。后来用"雀屏射目"来描写选婿或求婚。

至若：就是至于的意思。《诗》首好逑：《诗经》中将"窈窕淑女，君子好逑"放在第一篇。王化之原：就是王道教化的本原。

◎ 译文

美满的姻缘，是由前世的缘分缔结的；佳妙的配偶，是由上天撮合的。蹇修与柯人都是媒妁的别号；冰人和掌判是指传话的媒人。

婚姻的成立要经过周全的六礼，这样才能使两姓结合成美满的婚姻。女子出嫁称作于归，男子结婚称完娶。

婚姻论财是野蛮民族的愚昧行为，同姓不结婚，从周代起便是如此。

女方接受聘礼，称为许缨；新妇初入家门，到家庙谒见祖先称为庙见。问名、纳采都是六礼中的礼节，既问名又纳采就合着陈敬仲凤鸣的吉占；女出嫁男成婚，了了向子平素来的心愿。行聘的礼物叫雁币，占卜婚姻吉凶叫凤占。成亲的那一天称为星期，成亲有了日子，就预先订立吉期；传达两家的意见，完全要靠媒妁之人从中牵引。

古时婚礼中，男方要送给女方雁鸟当作聘礼，加上其他象征吉祥意义的聘礼，非常丰隆；新婚之夜，新郎新娘在洞房内合饮交杯酒，用瓠瓜切成两半做成的酒杯；新婚之夜宴请宾客，气氛非常和乐。

侍奉梳洗的事情，亲自操持洒扫的工作，是出嫁女儿的自谦之词；娴熟女师的教训，勤习内室的礼仪，是帮助丈夫的贤德，是男家称赞对方女儿的赞语。

绿影遮蔽窗前，怜悯的是贫穷人家的女子；红楼之间夹着道路，夸张的是富有人家的女儿。

盛开的桃花，姿容是少见的美好，色泽鲜明，男女成婚，正合仲春的时令；梅树上的梅子都已落了下来，只剩下了七个，又只剩下了三个，未婚女子感叹，已过了出嫁的吉期。

御沟中彼此传递红叶上题写的诗，于祐和宫女韩夫人终成眷属；在幕外牵着红丝线，郭元振有幸娶得美女。

汉武帝儿时曾对景帝说："若得阿娇，当以金屋贮之。"韦固与月老谈起婚姻事，才知道红线系足以成姻缘。

朱、陈两姓居一村，代代结成好姻缘。秦晋两国交好，世世通婚。

蓝田种玉，杨雍伯缔结美妙的姻缘；李渊射中屏风上孔雀的眼睛，而娶得窦毅女为妻，是唐高祖时的盛事。至于说古礼重视亲迎，这是因为婚姻是人伦之始，必须端正；《诗经》将君子好逑列为首篇，正是为了崇尚王道教化的基本源流。

◎ 直播课堂

基督教《圣经》里面基本上都是包办婚姻的描写，没有婚前的爱情描写。古代基督教基本上是包办婚姻，后来基督教变通为"恋爱为婚姻做准备"，这个思想影响了全世界，但在这个思想里没有承认爱情关系能产生神圣性，只是一种选择过程。如果婚姻真正的本质是管控，那么包办婚姻可能就是婚姻本来的面目。包办婚姻结束以后，婚姻的管控力就削弱了大

部分。而"包办婚姻"这一词，是后来的人发明出来的，古代人可能认为婚姻本来就是包办的。

许多人认为有了爱情就进入了婚姻，但真相是因为有了管控而进入了婚姻。

外戚

◎ 我是主持人

外戚亦称"外家""戚畹"。指帝王的母族、妻族。历史上，帝王年幼时，外戚往往干政擅权，甚至有改朝篡位者，如西汉末的王莽与建立隋朝的杨坚等。一种不适宜的制度，人类不经过长久的经验，是不会觉悟的。把宗室分封于周边，后来互相攻击，甚至造反，这是从封建时代就留存下来的教训。所以秦始皇并吞六国之后，已不肯再分封子弟。汉高祖不行其法，但到景帝时吴楚七国造反，统治者也就觉悟其制度之不可行，皇位传到武帝，汉武帝就把所封的王国，地方都削小，政权也都夺去了。至于外戚秉政，足以贻祸，则其经验较浅。所以在汉代，前汉为外戚王氏所篡，后汉还是任用外戚。但所用的外戚，没一个有好结果，然而一个外戚去，一个外戚又来。于是出现了外戚掌权和宦官专权轮流交替的死循环。当一种制度的命运未至灭亡的时节，虽有弊病，人总只怪身居其位的人不好，而不怪这制度不好。

◎ 原文

帝女乃公侯主婚，故有公主之称；帝婿非正驾之车，乃是驸马之职。

郡主县君，皆宗女之谓；仪宾国宾，皆宗婿之称。

旧好曰通家，好亲曰懿戚。

冰清玉润，丈人女婿同荣；泰山泰水，岳父岳母两号。

新婿曰娇客，贵婿曰乘龙。

赘婿曰馆甥，贤婿曰快婿。

凡属东床，俱称半子。

女子号门楣，唐贵妃有光于父母；外甥称宅相，晋魏舒期报于母家。

共叙旧姻，曰原有瓜葛之亲；自谦劣戚，曰忝在葭莩之末。

大乔小乔，皆姨夫之号；连襟连袂，亦姨夫之称。

兼葭依玉树，自谦借戚属之光；茑萝施乔松，自幸得依附之所。

◎ 注释

公侯：皇帝的同宗。驸马：原是官名，管理副驾之车，东晋以后专指皇帝之婿。

郡主：唐宋太子诸王之女称郡主。明清亲王之女称郡主。县君：古代妇女封号。唐五品官妻子封县君，明清只有宗室女仍称县君。仪宾、国宾：指与天子同姓诸侯的女婿，取其作王府宾客的意思。

通家：世代交好。懿戚：懿，美好。指皇室的宗亲和外戚。

冰清玉润：晋代乐广和他的女婿卫玠都很有名声，被人们分别称赞为冰清、玉润。泰山泰水：因泰山上有丈人峰，而泰水又依山而流，所以称岳父、岳母为泰山、泰水。

娇客：对女婿的爱称。乘龙：东汉时，孙儁与李膺都娶了太尉桓焉的女儿为妻，因孙与李是当时英伟出众的人物，人们羡慕地说桓家二女都嫁得佳婿，有如乘龙。后用"乘龙佳婿"赞美女婿，也用做誉称别人的

女婿。

　　赘婿：就婚于女家的男子。馆甥：《孟子·万章下》："舜尚见帝，帝馆于贰室。"赵岐注："谓妻父曰外舅，谓我舅者吾谓之甥。尧以女妻舜，故谓舜甥。"后以"馆甥"指赘婿的住处或女婿家。快婿：称心如意的女婿。

　　东床：晋代郗鉴让门生到王导家去求亲，王导让他到东厢遍观王家子弟，门生回去报告说："王家的子弟都不错，只是有一个人躺在东床上，露着肚子，吃胡饼，像什么都没听见一样。"郗鉴说："这个人就是我的女婿。"再去一问，原来东边床上的那个人就是王羲之。后用东床代指女婿。半子：指女婿。

　　门楣：门框上的横木，门面的意思。宅相：住宅有好风水。晋代魏舒被外公宁氏抚养，人们称宁家住宅要出宝贵的外甥。

　　瓜葛：瓜藤。比喻辗转相连的亲戚关系。忝：荣幸，自谦之词。

　　大乔小乔：三国时乔公的两个女儿，嫁孙策者称大乔，嫁周瑜者称小乔。连襟连袂：姊妹丈夫的互称或合称。

　　蒹葭依玉树：三国时期，黄门侍郎夏侯玄一表人才，有玉人之称。他自视甚高，很有傲气。驸马都尉毛曾相貌丑陋，令人生厌，魏明帝叫他们坐在一起，夏侯玄感到耻辱，毛曾则喜形于色。时人称之为蒹葭依玉树。后以"蒹葭依玉树"喻高攀，也用作借别人光的客套话。茑萝施乔松：茑草与女萝依附于松树上，茑、萝，寄生草。

◎ 译文

　　皇帝的女儿出嫁是由公侯主婚，所以皇帝的女儿称"公主"；皇帝的女婿不能在中央驾车，所以称为"驸马"。

　　"郡主"和"县君"是皇帝同宗女儿的称谓；"仪宾""国宾"是对同宗女婿的称谓。

世代交好叫"通家";皇室宗亲称"懿戚"。"冰清玉润"是说丈人和女婿同享殊荣;"泰山""泰水"是称呼岳父、岳母。

新婚的女婿称作"娇客";称心的佳婿叫"乘龙"。入赘的女婿叫作"馆甥";有贤德的女婿叫"快婿"。

凡是女婿都是半个儿子。女子被称为"门楣",杨贵妃使父母得到了荣耀;外甥称为"宅相",晋代魏舒期望以显贵来报答母家。共叙旧时姻亲,便说原有瓜葛之亲;自谦是无所作为的亲戚,说处在葭莩之末。

"大乔""小乔"指代姐妹的丈夫;"连襟""连袂"是对姐妹丈夫的称呼。蒹葭傍依玉树,是自谦,借了亲戚的荣光;茑萝依附在松树上,比喻自己有了依托。

◎ 直播课堂

秦统一中国后,秦王嬴政自认为"德高三皇,功盖五帝",因而取两者之尊称"皇帝",并由此确立整套与皇帝相关的制度,皇位继承制度是其中最重要的制度之一,为了万世一系地将自己的宝座传给自己的子孙,以"奉宗庙之重,终无穷之祚",自称始皇帝,以期二世、三世以至万世也。秦虽历二世而亡,但秦始皇开创的皇位继承制度却保留下来,到东汉时已日臻完善。这种皇位继承制度,使储君的范围集中在当今皇帝的子嗣当中,选择余地较小,一旦皇帝早逝,出现幼帝即位的概率就极大,东汉就是最典型的代表。东汉除光武帝(刘秀)、明帝(刘庄)、献帝(刘协)外,其余都未满岁而亡。其中,除去安、质、桓三帝以刘氏宗族身份即位外,其余都遵从"父传子,家天下"的继承原则。皇帝们虽然嫔妃较多、结婚早,但由于身体发育尚未成熟,过度纵欲,无疑会影响自身的健康,使后代多体质羸弱而夭折,如果涉及宫廷争宠、废立,再加上古时医疗技术的落后,其中能成人的皇子本来就不多,皇储的选择范围就更小了。东汉先帝死时都早,所以能存活下来的皇子必然年龄偏幼，但只要先皇有子嗣却是非立不可，东汉多幼帝，这是封建制度终其一生无法治愈的痼疾。

第四章
尊老爱幼，处世箴言

"老吾老，以及人之老，幼吾幼，以及人之幼"，尊老爱幼是中华民族的传统美德，有助于促进家庭和睦、社会和谐，也是我们为人处世的准则之一。

老幼寿诞

◎ 我是主持人

　　本篇从介绍生活常用词入手，以讲解词义和列举典故的方式串联起人之初生、幼年和老年，几个不同年龄阶段称呼划分的由来以及各人生阶段需要学习的知识和技能。文章结尾处总结，"后生固为可畏，而高年尤是当尊"则是尊老爱幼传统思想的体现。

◎ 原文

　　不凡之子，必异其生；大德之人，必得其寿。
　　称人生日，曰初度之辰；贺人逢旬，曰生申令旦。
　　三朝洗儿，曰汤饼之会；周岁试周，曰晬盘之期。
　　男生辰曰悬弧令旦，女生辰曰设帨佳辰。
　　贺人生子，曰嵩岳降神；自谦生女，曰缓急非益。
　　生子曰弄璋，生女曰弄瓦。
　　梦熊梦罴，男子之兆；梦虺梦蛇，女子之祥。
　　梦兰叶吉，郑文公妾生穆公之奇；英物称奇，温峤闻声知桓温之异。
　　姜嫄生稷，履大人之迹而有娠；简狄生契，吞玄鸟之卵而叶孕。
　　麟吐玉书，天生孔子之瑞；玉燕投怀，梦孕张说之奇。
　　弗陵太子，怀胎十四月而始生；老子道君，在孕八十一年而始诞。
　　晚年得子，谓之老蚌生珠；暮岁登科，正是龙头属老。

贺男寿曰南极星辉，贺女寿曰中天婺焕。

松柏节操，美其寿元之耐久；桑榆晚景，自谦老景之无多。

矍铄称人康健，聩眊自谦衰颓。

黄发儿齿，有寿之征；龙钟潦倒，年高之状。

日月逾迈，徒自伤悲；春秋几何，问人寿算。

称少年曰春秋鼎盛，羡高年曰齿德俱尊。

行年五十，当知四十九年之非；在世百年，那有三万六千日之乐。

百岁曰上寿，八十曰中寿，六十曰下寿；八十曰耋，九十曰耄，百岁曰期颐。

童子十岁就外傅，十三舞勺，成童舞象；老者六十杖于乡，七十杖于国，八十杖于朝。

后生固为可畏，而高年尤是当尊。

◎ 注释

异其生：古人认为不凡的人出生时有异象。大德之人：具有高尚品德的人。

初度：指初生之时。逢旬：逢十的生日。生申：周代贤臣申伯的降生。令旦：好日子。

三朝洗儿：婴儿出生第三天要洗身，并招待亲友吃汤饼。晬盘：孩子满一岁，举行抓周仪式。晬，婴儿满百日或一岁之称。

悬弧：古时有一种风俗，生儿子时要在家门的左边悬挂一张弓（弧），后以"悬弧"指生男。设帨：生了女孩在门右挂一块佩巾。

缓急非益：汉代淳于意有五个女儿，曾说"生女缓急非益"，意思是危急时没什么益处。

弄璋、弄瓦：古代生儿子让他玩玉，生女儿让她玩纺锤（即瓦），后为生男生女的代称。

熊、罴：古代认为熊、罴是属阳的动物。虺、蛇：古代认为虺、蛇都是属阴的动物。

梦兰叶吉：梦见兰叶属吉祥之兆。古代郑文公的妾梦见天使送她兰花，后来果然生下郑穆公。温峤：晋代桓温一岁时，温峤听见他的哭声，就称赞他是奇才。

稷：即后稷。后稷是古代农业的发明者，传说姜嫄踩了巨人的脚印后生下后稷。简狄生契：契是舜时的大臣，相传简狄吞下一枚玄鸟蛋而生下契。

麟吐玉书：传说孔子出生前，有麒麟吐出玉书，书上说："水精之子，继衰周而为素王"。玉燕投怀：唐代张说的母亲梦见一只玉燕投入怀中，于是怀孕生下张说。

弗陵太子：汉武帝的太子刘弗陵，怀了十四个月才生出来。老子道君：传说他母亲怀孕八十一年，才从肋下生下他，一生下头发就是白的，所以叫老子。

老蚌生珠：比喻老年得子。暮岁登科：暮年考中状元。龙头：状元是进士考试的第一名，称为龙头。

南极星辉：《汉书·天文志》载：老人星在南面，又称为南极星。中天婺焕：婺，即女宿，二十八宿之一。故"中天婺焕"指贺女寿。

松柏节操：松树与柏树，枝繁叶茂，经冬不凋。寿元：寿命和元气。桑榆晚景：太阳余光照在桑树和榆树上的投影。

矍铄：精神健旺。聩眊：耳聋眼花。

黄发儿齿：指老人头发变黄，长出小儿一样的牙齿。潦倒：体弱多病的样子。

日月逾迈：指时光流逝。春秋几何：年纪多少。春秋，用来指年龄。

春秋鼎盛：指年富力强的时候。齿德俱尊：年龄和品德都高。

耋：七八十岁的年纪。耄：八九十岁的年纪。

就外傅：到外面求学。舞勺、舞象：舞勺为儿童所习的一种乐舞。勺，一种乐器。舞象是大孩子所习的乐舞，是一种武舞。

后生固为可畏：青年人值得敬畏。高年尤是当尊：年事已高的人应当尊重。

◎ 译文

不同凡响的人，其出生时必有特异之处；有最高品德的人，必定能享高寿。

称人生日叫"初度之辰"；祝贺别人逢十的生日叫"生申令旦"。

婴儿出生三日替他沐浴，请亲友宴庆，称为"汤饼之会"；孩子周岁用盘盛物抓周，称作"晬盘之期"。

男孩出生要在家门的左边悬挂一张弓，称"悬弧令旦"；女孩出生要在门右放一块佩巾，称"设帨佳辰"。

祝贺他人生儿子，说是"嵩岳降神"；自谦说生了女儿，说是"缓急非益"。

生男孩叫"弄璋"，生女孩叫"弄瓦"。

梦中见到熊和罴都是生男孩的吉兆；梦见虺和蛇都是生女儿的祥征。梦见兰花预示吉祥，郑文公之妾曾有因梦兰而生穆公之奇事；英杰人物都奇特，温峤听见幼年桓温的哭声便知他必定异于常人。

姜嫄踩着巨人的足迹而受孕，生下周族始祖稷；简狄吞食了玄鸟蛋而怀孕，生下商族始祖契。

孔子诞生前，有麒麟吐出玉书，这是上天降下的祥瑞；张说之母梦玉燕飞入怀中，由此受孕而生下张说。

汉武帝妃怀胎十四个月而生下弗陵太子；老子在母腹中孕育了八十一年，才诞生人世。

晚年才得儿子称为"老蚌生珠"，头发苍白了才考中进士称作"龙头

属老"。祝贺男子之寿说"南极星辉";祝贺女子之寿说"中天婺焕"。

品节操守犹如松柏,是赞颂别人长寿健康;暮年景色好像日落桑榆,自谦年老来日无多。

"矍铄"是称赞老者健康,"聩眊"是自叹精力衰颓。

头发由白变黄,牙齿掉而复长是长寿的象征;行动不灵活衰弱有病是年高体弱的情状。

时光流逝令人感叹伤悲;"春秋几何"这是问别人年龄的说法。

"春秋鼎盛"是称赞别人年少;"齿德俱尊"是称羡慕别人年高。活到了五十岁,应当知道前四十九年的过失;人活百年哪有三万六千天都是快乐如意的。

人有上寿、中寿、下寿的区分,百岁为上寿,八十岁是中寿,六十岁是下寿;人活到八十岁叫作"耋",九十岁叫作"耄",一百岁称为"期颐"。

儿童年满十岁就外出拜师求学,十三岁时学习文舞,十五岁以上练习武舞。老人六十岁在乡里就会受敬重,七十岁在城邑里会受到敬重,八十岁时在朝廷里可受敬重。

年轻人固然值得敬畏,而老年人更应该受到尊敬。

◎ 直播课堂

尊老爱幼是我国传统道德的精华,也是人类敬重自己的表现。每个人都有自己的儿童时代,每个人也都有老的一天。一代代人由小孩到老人,不管是处于古代还是当今社会,有一点却是共同的,那就是弘扬尊老爱幼的优良传统。

尊老爱幼起始于原始社会,当时生产力低下,在氏族公社的内部为了人类的繁衍和文明的延续,对丧失劳动能力的老人和尚无劳动与生活能力的小孩都一样分配劳动果实,实行义务抚养。由此逐渐形成的这种朴素的道德观念,被继承下来。

衣饰

◎ 我是主持人

　　衣饰就是衣着和装饰。衣服的基本功能是指防寒保暖和护身，而随着人们生活水平的提高，衣饰更象征着一个人的生活水准和社会地位。

◎ 原文

　　冠称元服，衣曰身章。

　　曰弁曰冔曰冕，皆冠之号；曰履曰舄曰屣，悉鞋之名。

　　上公命服有九锡，士人初冠有三加。

　　簪缨缙绅，仕宦之称；章甫缝掖，儒者之服。

　　布衣即白丁之谓，青衿乃生员之称。

　　葛屦履霜，诮俭啬之过甚；绿衣黄里，讥贵贱之失伦。

　　上服曰衣，下服曰裳；衣前曰襟，衣后曰裾。

　　敝衣曰褴褛，美服曰华裾。

　　襁褓乃小儿之衣，弁髦亦小儿之饰，左衽是夷狄之服，短后是武夫之衣。

　　尊卑失序，如冠履倒置；富贵不归，如锦衣夜行。

　　狐裘三十年，俭称晏子；锦幛四十里，富羡石崇。

　　孟尝君珠履三千客，牛僧孺金钗十二行。

　　千金之裘，非一狐之腋；绮罗之辈，非养蚕之人。

贵者重裀叠褥，贫者裋褐不完。

卜子夏甚贫，鹑衣百结；公孙弘甚俭，布被十年。

南州冠冕，德操称庞统之迈众；三河领袖，崔浩羡裴骏之超群。

虞舜制衣裳，所以命有德；昭侯藏敝袴，所以待有功。

唐文宗袖经三浣，晋文公衣不重袭。

衣履不敝，不肯更为，世称尧帝；衣不经新，何由得故，妇劝桓冲。

王氏之眉贴花钿，被韦固之剑所刺；贵妃之乳服诃子，为禄山之爪所伤。

姜氏衾和，兄弟每宵同大被；王章未遇，夫妻寒夜卧牛衣。

缓带轻裘，羊叔子乃斯文主将；葛巾野服，陶渊明真陆地神仙。

服之不衷，身之灾也；缊袍不耻，志独超欤。

◎ 注释

冠称元服：冠为帽子，戴在头上，头为元首，所以冠就为元服。身章：身体的象征和标志。《左传·闽公二年》："衣，身之章也。"

弁：古时的一种官帽，通常配礼服用。赤黑色布做的叫爵弁，是文冠；白鹿皮做的叫皮弁，是武冠。后泛指帽子。冔：殷代的冠名。冕：古代帝王、诸侯及卿大夫所戴的礼帽。履：本义为行走，后用来指鞋子。舃：古时最尊贵的鞋，多为帝王大臣穿。屣：一般的鞋子。

上公：周代官爵分为九个等级，称九命，三公（太师、太傅、太保）的等级是八命，被加封为诸侯时，加一命，称为上公。九锡：君王赐的九种物品。三加：士人行冠礼先行戴缁布冠，再戴皮弁，最后戴爵弁，称为三加。

簪：簪子，古人用来插定发髻或连冠于发的一种长针。缨：系在脖子上的帽带。缙绅：同"搢绅"。章甫缝掖：孔子穿戴过章甫冠和缝掖衣，因此用章甫缝掖来指代儒生。章甫，古代冠名。缝掖，一种衣服。

葛屦履霜：穿着夏天的草鞋在霜雪上行走。葛屦，草鞋。绿衣黄里：把低贱的绿色穿在外面，把高贵的黄色穿在里面。

弁髦：小孩的头发垂下来时，就要戴弁帽，称为弁髦。左衽：衣襟开在左边。短后：后幅较短的上衣，便于行动。

石崇：晋代富豪石崇与王恺斗富，点燃蜡烛当柴烧饭。王恺为遮蔽风尘，在大路上用绫罗作四十里步障，石崇则以五十里与之相抗。王恺拿晋武帝赐给的有一尺多高的珊瑚树炫耀，石崇看后，随手用铁如意将它击碎，接着搬出自家的珊瑚树，高三四尺者有六七棵之多。（南朝宋刘义庆《世说新语·侈汰》）

孟尝君：名田文，战国时齐国宗室大臣，战国四公子之一，曾养食客数千人。牛僧孺：唐穆宗、唐文宗时宰相，字思黯，安定鹑觚（今甘肃灵台）人，在牛李党争中是牛党的领袖。金钗十二行：指妻妾众多。

重裀叠褥：坐垫和褥子重重叠叠。裋褐：粗布衣服。

卜子夏：名商，字子夏，孔门七十二贤之一，家贫，衣服上打满补丁，像挂着很多鹑鸟。公孙弘：汉武帝时大臣，很俭朴。

德操：汉末司马徽，字德操，善于知人，曾称赞庞统为"南州冠冕"，即南州人士的领袖。三河：河东、河南、河内的合称，相当于今河南洛阳黄河南北一带。崔浩：北魏人，字伯渊，清河郡东武城（今山东武城）人。他仕北魏道武、明元、太武帝三朝，官至司徒，参与军国大计，对促进北魏统一北方起了积极作用。后人称其为"南北朝第一流军事谋略家"。裴骏：字神驹，北魏河东闻喜人。他弱冠时即通涉经史，官至北魏中书博士。

命有德：表彰有德行的人。昭侯藏敝袴：《韩非子·内储说上》载，韩昭侯曾命人将一条破裤子收起来，等待赏赐给有功之士。

三浣：唐文宗曾对臣下说自己穿的衣服已洗过三次，众臣皆贺他节俭，柳公权却说："皇帝应该考虑大事，不应考虑洗衣服这样的小事。"衣不重裘：不穿厚的皮衣，表示节俭。

更为：更换。妇劝桓冲：东晋时的桓冲不喜欢穿新衣服，妻子以"衣不经新，何由得故"劝他，乃受。

王氏之眉贴花钿：传说东晋韦固曾遇到月下老人，老人告诉他姻缘天定。韦固问："我的妻子在哪里？"老人说："现在只有三岁，城北卖菜陈氏的女孩子就是。"韦固前去察看，见那个女孩子很丑，就让奴仆用剑刺伤女孩子的眉心。十四年后，相州刺史王泰将养女嫁给韦固，王氏女子眉心总贴着花钿，韦固问其中缘由，王氏回答说："我原是郡守的女儿，父亲死在任上，小时候乳母靠卖菜养我，被贼人刺伤，伤痕还在。"服诃子：戴着胸衣。杨贵妃曾被安禄山抓伤了乳房，就绣了一件胸衣罩在上面。

翕和：相处融洽、谐和。王章：汉代人，家贫，曾病卧于牛衣中，哭着与妻诀别，妻子说："城中的人，谁能比得上你，为什么不振作起来，反而哭呢？"于是王章发愤图强，汉成帝时王章被征为谏议大夫，后为京兆尹。

缓带轻裘：形容穿衣闲适、斯文。羊叔子：晋羊祜，字叔子。任荆州都督时，穿着斯文，人称斯文主将。葛巾野服：陶渊明归隐后常头戴葛巾，身穿山里人的衣服，被人称为陆地神仙。

服之不衷：穿的衣服与身份、环境不合。缊袍不耻：穿着旧袍子而不觉得羞耻。《论语》中说，子路穿着缊袍，站在穿皮裘的人中间，不觉低人一等，孔子赞他志高。

◎ 译文

冠是戴在头上的服饰，称为元服；衣是穿在身上的文采，称为身章。冕、弁都是帽子的名称；舄、履都是鞋子的名称。士人成年行冠礼，要换三次帽子，称为三加。上公的命服有九等，皆君主所赐叫作九锡。

簪缨、缙绅都是仕宦享有的荣光。章甫、缝掖皆为读书人所穿的衣服。

布衣就是白丁、平民；青衿乃称生员、秀才。葛屦是夏天穿的单鞋，如果冬天穿着夏天的单鞋去踩霜踏雪，那便是俭朴吝啬得太过分了，所以才会受人嘲讽。绿是杂色，为贱，黄是正色，为贵，如果拿绿色衣料做面，黄色衣料做里，便是贵贱伦常的颠倒，故而会受到讥笑。

上身的服装叫作衣，下身的服装叫作裳。衣的前幅称作襟，后幅称作裾。

华丽的衣服大都由绮罗纨素所做，所以华服称为绮纨。破旧的衣衫大都是缕缕分垂，所以敝衣唤作褴褛。襁褓是婴儿的服装，弁髦是孩童的帽子。衣襟开在左边的是夷人的衣服，后幅短的上衣便于行动，是武夫穿的。

凡是不讲尊卑次序的人，好比用帽子上的布去补鞋子一样不分上下；富贵得意的人，不回到家乡去，好比穿了华丽的衣服在黑夜中行走，别人不知道他的荣耀。一件狐皮袍穿了三十年，晏子的俭朴为人所称道；石崇与王恺比富，列锦幛五十里，其豪富让王恺羡慕。

孟尝君门下有三千珠履客，牛僧孺多姬妾，堂前的金钗排列了十二行。价值千金的皮袍，不是一只狐狸腋下之毛就能缝制而成的。身着绮罗绸缎者，都是富贵人家，而不是养蚕的人。富贵者的衣被铺盖，用的都是重重叠叠的毯子褥子。贫穷的人有的连裋褐粗布的衣衫都不完整。

公孙弘非常节俭，一床布被盖了十年。子夏家贫衣着破烂，到处打着补丁已有百结。

裴骏智能超群，魏太祖曾向崔浩夸裴为三河领袖。司马徽称赞庞统才华出众，为南州士人的冠冕。

虞舜制定衣裳图案颜色的等级，赐命于有德之人。魏昭侯收藏破裤，等待着赏给有功之人。晋文公提倡节俭，不同时穿两件皮衣。唐文宗的衣服洗了三次仍在穿。

衣服鞋子不穿到有破损，不肯换新的，所以世人称颂尧帝俭朴；新做的衣服不穿用，哪里有旧衣可穿呢！这是桓冲的妻子劝桓冲的话。

王氏眉心贴着花钿，是因为被丈夫韦固刺伤；杨贵妃曾被安禄山抓伤了乳房，就绣了一件胸衣罩上。

姜家兄弟和睦每晚都睡在一起，同盖一条大被。王章未得到君王的赏识之前十分贫困，寒冷冬夜睡在草编的牛衣上，夫妻两人，在牛衣里哭泣。

羊祜镇守里阳，不着戎服缓带轻裘，世人称为斯文主将；陶渊明弃官隐居，葛巾野服对菊饮酒真是陆地上的神仙。

衣服如果穿得不合自己的身份，会招来杀身之祸；身着破袍而不以为耻，其志向的确超越众人啊！

◎ 直播课堂

衣饰是用来遮体保温的工具，然而在社会生活中，衣饰的作用远远不止这些。它是人身份和社会地位的象征。但是从本篇中我们认识到衣饰的好坏和人的品德并没有关系。德行高贵比衣饰华丽更加重要。

人事

◎ 我是主持人

人事就是要懂得生活中的做人的道理。我们要承认"真实的自我"，并将它展示在众人的面前，即老老实实地承认自己在别人心目中的形象。

心理学研究表明：一个各方面都表现优秀而又有一些小小缺点的人最受欢迎。所以不用太在意自己的缺点，对这点要有足够的信心。要时时处处站在他人的角度来考虑问题，经常与别人合作，在取得成绩之后，要与他人共同分享；给他人提供机会，帮助其实现生活目标；当他人遭遇到困难、挫折时，伸出援助之手，给予帮助。要胸襟豁达乐于接受他人及自己。当别人取得成绩时，要不失时机地给予赞扬和祝贺。这种赞美的话语会给被赞扬者带来快乐，引起积极的情绪反应。情绪具有传染性，即也会传染给周围的人，给周围所有人带来快乐。"快乐"则会消融人际关系的僵局，使人际关系变得融洽。

◎ 原文

大学首重夫明新，小子莫先于应对。

其容固宜有度，出言尤贵有章。

智欲圆而行欲方，胆欲大而心欲小。

阁下足下，并称人之辞；不佞鲰生，皆自谦之语。

恕罪曰宽宥，惶恐曰主臣。

大春元、大殿选、大会状，举人之称不一；大秋元、大经元、大三元，士人之誉多殊。

大掾史，推美吏员；大柱石，尊称乡宦。

贺入学，曰云程发轫，贺新冠，曰元服初荣。

贺人荣归，谓之锦旋；作商得财，谓之稇载。

谦送礼曰献芹，不受馈曰反璧。

谢人厚礼曰厚贶，自谦礼薄曰菲仪。

送行之礼，谓之赆仪；拜见之贽，名曰贽敬。

贺寿仪曰祝敬，吊死礼曰奠仪。

请人远归，曰洗尘；携酒送行，曰祖饯。

犒仆夫，谓之旌使；演戏文，谓之俳优。

谢人寄书，曰辱承华翰；谢人致问，曰多蒙寄声。

望人寄信，曰早赐玉音；谢人许物，曰已蒙金诺。

具名帖，曰投剌；发书函，曰开缄。

思慕久，曰极切瞻韩，想望殷，曰久怀慕蔺。

相识未真，曰半面之识；不期而会，曰邂逅之缘。

登龙门，得参名士；瞻山斗，仰望高贤。

一日三秋，言思慕之甚切；渴尘万斛，言想望之久殷。

睽违教命，乃云鄙吝复萌；来往无凭，则曰萍踪靡定。

虞舜慕唐尧，见尧于羹，见尧于墙。颜渊学孔圣，孔步亦步，孔趋亦趋。

曾经会晤，曰向获承颜接辞；谢人指教，曰深蒙耳提面命。

求人涵容，曰望包荒；求人吹嘘，曰望汲引。

求人荐引，曰幸为先容；求人改文，曰望赐郢斫。

借重鼎言，是托人言事；望移玉趾，是浼人亲行。

多蒙推毂，谢人引荐之辞；望作领袖，托人首倡之说。

言辞不爽，谓之金石语；乡党公论，谓之月旦评。

逢人说项斯，表扬善行；名下无虚士，果是贤人。

党恶为非，曰朋奸；尽财赌博，曰孤注。

徒了事，曰但求塞责；戒明察，曰不必苛求。

方命是逆人之言，执拗是执己之性。

曰觊觎、曰睥睨，总是私心之窥望；曰倥偬、曰旁午，皆言人事之纷纭。

小过必察，谓之吹毛求疵；乘患相攻，谓之落井下石。

欲心难厌如溪壑，财物易尽若漏卮。

望开茅塞，是求人之教导；多蒙药石，是谢人之箴规。

芳规芳躅，皆善行之可慕；格言至言，悉嘉言之可听。

无言曰缄默，息怒曰霁威。

包拯寡色笑，人比其笑为黄河清；商鞅最凶残，尝见论因而渭水赤。

仇深曰切齿，人笑曰解颐。

人微笑曰莞尔，掩口笑曰胡卢。

大笑曰绝倒，众笑曰哄堂。

留位待贤，谓之虚左；官僚共署，谓之同寅。

人失信曰爽约，又曰食言；人忘誓曰寒盟，又曰反汗。

铭心镂骨，感德难忘；结草衔环，知恩必报。

自惹其灾，谓之解衣抱火；幸离其害，真如脱网就渊。

两不相入，谓之枘凿；两不相投，谓之冰炭。

彼此不合曰龃龉，欲进不前曰趑趄。

落落，不合之词；区区，自谦之语。

竣者作事已毕之谓，酾者敛财饮酒之名。

赞襄其事，谓之玉成；分裂难完，谓之瓦解。

事有低昂曰轩轾，力相上下曰颉颃。

凭空起事曰作俑，仍前踵弊曰效尤。

手口共作曰拮据，不暇修容曰鞅掌。

手足并行曰匍匐，俯首而思曰低徊。

明珠投暗，大屈才能；入室操戈，自相鱼肉。

求教于愚人，是问道于盲；枉道以干主，是炫玉求售。

智谋之士，所见略同；仁人之言，其利甚溥。

班门弄斧，不知分量；岑楼齐末，不识高卑。

势延莫遏，谓之滋蔓难图；包藏祸心，谓之人心叵测。

作舍道旁，议论多而难成；一国三公，权柄分而不一。

事有奇缘，曰三生有幸；事皆拂意，曰一事无成。

酒色是耽，如以双斧伐孤树；力量不胜，如以寸胶澄黄河。

兼听则明，偏听则暗，此魏徵之对太宗；众怒难犯，专欲难成，此子产之讽子孔。

欲逞所长，谓之心烦技痒；绝无情欲，谓之槁木死灰。

座上有江南，语言须谨；往来无白丁，交接皆贤。

将近好处，曰渐入佳境；无端倨傲，曰旁若无人。

借事宽役曰告假，将钱嘱托曰夤缘。

事有大利，曰奇货可居；事宜鉴前，曰覆车当戒。

外彼为此曰左袒；处事两可曰模棱。

敌甚易摧，曰发蒙振落；志在必胜，曰破釜沉舟。

曲突徙薪无恩泽，不念预防之力大；焦头烂额为上客，徒知救急之功宏。

贼人曰梁上君子，强梗曰化外顽民。

竹头木屑，皆为有用之物；牛溲马勃，可备药石之资。

五经扫地，祝钦明自亵斯文；一木撑天，晋王敦未可擅动。

题凤题午，讥友讥亲之隐词；破麦破梨，见夫见子之奇梦。

毛遂片言九鼎，人重其言；季布一诺千金，人服其信。

岳飞背涅精忠报国，杨震惟以清白传家。

下强上弱，曰尾大不掉；上权下夺，曰太阿倒持。

当今之世，不但君择臣，臣亦择君；受命之主，不独创业难，守成亦不易。

生平所为皆可对人言，司马光之自信；运用之妙惟存乎一心，岳武穆之论兵。

不修边幅，谓人不饰仪容；不立崖岸，谓人天性和乐。

蕞尔幺麽，言其甚小；卤莽灭裂，言其不精。

误处皆缘不学，强作乃成自然。

求事速成曰躐等，过于礼貌曰足恭。

假忠厚者谓之乡愿，出人群者谓之巨擘。

孟浪由于轻浮，精详出于暇豫。

为善则流芳百世，为恶则遗臭万年。

过多曰稔恶，罪满曰贯盈。

尝见冶容诲淫，须知慢藏诲盗。

管中窥豹，所见无多；坐井观天，知识不广。

无势可乘，英雄无用武之地；有道则见，君子有展采之思。

求名利达，曰捷足先得；慰士迟滞，曰大器晚成。

不知通变，曰徒读父书；自作聪明，曰徒执己见。

浅见曰肤见，俗言曰俚言。

识时务者为俊杰，昧先几者非明哲。

村夫不识一丁，愚者岂无一得。

拔去一丁，谓除一害；又生一秦，是增一仇。

戒轻言，曰恐属垣有耳；戒轻敌，曰勿谓秦无人。

同恶相帮，谓之助桀为虐；贪心无厌，谓之得陇望蜀。

当知器满则倾，须知物极必反。

喜嬉戏名为好弄，好笑谑谓之诙谐。

谗口交加，市中可信有虎；众奸鼓衅，聚蚊可以成雷。

萋斐成锦，谓谮人之酿祸；含沙射影，言鬼蜮之害人。

针砭所以治病，鸩毒必至杀人。

李义府阴柔害物，人谓之笑里藏刀；李林甫奸诡陷人，世谓之口蜜腹剑。

代人作事，曰代庖；与人设谋，曰借箸。

见事极真，曰明若观火；对敌易胜，曰势若摧枯。

汉武内多欲而外施仁义，廉颇先国难而后私仇。

卧榻之侧，岂容他人鼾睡，宋太祖之语；一统之世，真是胡越一家，唐高祖之时。

至若暴秦以吕易嬴，是嬴亡于庄襄之手；弱晋以牛易马，是马灭于怀愍之时。

中宗亲为点筹于韦后，秽播千秋；明皇赐洗儿钱于贵妃，臭遗万代。

非类相从，不如鹌鹑；父子同牝，谓之聚麀。

以下淫上谓之烝，野合奸伦谓之乱。

从来淑慝殊途，惟在后人法戒；斯世清浊异品，全赖吾辈激扬。

◎ 注释

明新：明德与新民，引申为做人的美德。小子：古人八岁时入小学，学习洒扫、应对等日常的礼节。十五岁时入大学，学习做人的道理。小子指小学弟子。

容：仪表。度：法度。章：章法。

不佞：不才，没有才能。鲰生：无知小人。

主臣：本谓君臣，后用来表示恭敬惶恐之辞。

大春元：科举考试取得第一名者都称"元"，大春元为春天会试第一名。大殿选：殿试一甲第一名。大会状：会元、状元兼得。大秋元：秋季乡试第一名。大经元：五经贡生第一名。大三元：解元、会元、状元，三元连中。

掾史：汉代以后职权较重的长官有署吏，分曹治事，通称掾史。柱石：支梁的柱子和承柱子的基石。

云程发轫：比喻官运亨通，远大前程开始起步。

稇载：稇，用绳索捆束。指满载。

献芹：《列子·杨朱》："宋国有田夫……谓其妻曰：'负日之暄，人莫知者，以献吾君，将有重赏。'里之富告之曰：'昔人有美戎菽、甘枲茎芹萍子者，对乡豪称之。乡豪取而尝之，蜇于口，惨于腹，众哂而怨之，其人大惭。'"后遂以"献芹"谦言自己赠品菲薄或建议浅陋。

贶：赐，赠。菲仪：薄礼。

赆仪：送给远行者的路费或礼物。赀：钱财。贽敬：初次拜见时所送的礼物。

祖饯：古时出门远行要祭祀的路神称祖，后称设宴送行为"祖饯"，即饯行。

旌：表彰。俳优：指古代以乐舞谐戏为业的艺人。

华翰：对他人来信的美称。翰，毛笔。寄声：口头传达问候。

名帖：拜谒时的名片。投刺：古时没有纸，字是刻刺在木片上的，所以叫投刺。

瞻韩：唐李白《与韩荆州书》："白闻天下谈士相聚而言曰：'生不用封万户侯，但愿一识韩荆州。'何令人之景慕一至于此耶！"唐韩朝宗曾作荆州长史，喜拔用后进，为时人所重。后因以"瞻韩"为初见面的敬辞，意谓久欲相识。慕蔺：《史记·司马相如列传》："其亲名之曰犬子……既学慕蔺相如之为人更名相如。"后因称慕贤为"慕蔺"。

登龙门：比喻得到有名望、有权势者的援引而身价大增。《后汉书·李膺传》："膺独特风裁，以声名自高，士有被其容接者，名为登龙门。"山斗：指泰山、北斗，比喻德高望重而为人所敬仰。

一日三秋：三秋，三个季度。意思是一天不见面，就像过了三个季度。比喻分别时间虽短，却觉得很长。形容思念殷切。《诗经·王风·采葛》："彼采葛兮，一日不见，如三月兮；彼采萧兮，一日不见，如三秋兮；彼采艾兮，一日不见，如三岁兮。"渴尘万斛：形容十分想念。唐代卢仝《访含曦上人》："三入寺，曦未来，辘轳无人井百尺，渴心归去生尘埃。"

暌违：违背。鄙吝复萌：鄙吝，庸俗。萌，发生。庸俗的念头又发生

了。《后汉书·黄宪传》："时月之间，不见黄生，则鄙吝之萌复存于心。"

萍踪靡定：萍生于水中，漂泊不定，所以把没有固定的行踪称作"萍踪"。

虞舜慕唐尧：《后汉书·李固传》："昔尧殂之后，舜仰慕三年。坐则见尧于墙，食则睹尧于羹。"表示对死去前辈的追念。颜渊：孔子弟子。步：慢走。趋：快走。

承颜接辞：有幸见面交谈。耳提面命：附在耳旁指教，当面命令教诲。

包荒：包含荒秽。谓度量宽大。《易·泰》："包荒，用冯河，不遐遗。"王弼注："能包含荒秽，受纳冯河者也。"一说"包容广大"。吹嘘：说好话。汲引：提拔，引荐。

先容：先加以修饰，引申为事先介绍。郢斫：楚国郢都有一个巧匠，能运斧成风，比喻技艺高超。

鼎言：像鼎一样重的语言，形容说话的作用很大。玉趾：脚，敬称。浼：请求。

推毂：毂，车轮中心可插轴的圆木，推毂即推车前进，比喻引荐人才。领袖：衣服的领和袖，借指为人表率的人。

爽：差错。金石语：说的话像金石一样坚硬，不可更改。月旦：每月初一。评：品评人物。月旦评是东汉许劭始创的一种评论人物的风俗。

项斯：唐代人，以诗稿拜谒杨敬之，希望提携。

党恶：与恶人结党。朋奸：互相勾结作恶。孤注：倾其所有作赌注。

塞责：抵塞罪责，指做事不认真负责。

方命：违命。

觊觎：非分的希望。睥睨：侧眼窥察。倥偬：事多而急迫。旁午：交错，纷繁。

吹毛求疵：疵，指小毛病。吹开皮上的毛而故意挑剔毛病。患：灾难。

厌：满足。溪壑：溪谷河沟，用填不满的溪壑比喻贪得无厌。漏卮：漏的盛酒器，比喻权力外溢。

茅塞：被茅草堵住，比喻思路闭塞，愚昧不懂事。药石：治病的药物和砭石，比喻规劝进言。箴规：劝告规谏。

芳规芳躅：贤人的准则和正直的行径。至言：恳切的言论。

霁威：怒气消散。

解颐：颐，面颊。指大笑，欢笑。

莞尔：微笑的样子。胡卢：喉间的笑声。

绝倒：大笑而不能自持。

虚左：古时以左为尊，空着左边的位置等待宾客。同寅：寅，恭敬。后称同僚为同寅。

寒盟：忘却盟约。反汗：《汉书·刘向传》："《易》曰：'涣汗其大号。'言号令如汗，汗出而不反者也。今出善令，未能逾时而反，是反汗也。"以汗出而不能反喻令出不能收。后以"反汗"指反悔食言或收回成命。

结草衔环：《左传·宣公十五年》载，秋七月，秦桓公伐晋，次于辅氏。壬午，晋侯治兵于稷以略狄土，立黎侯而还。及洛，魏颗败秦师于辅氏。获杜回，秦之力人也。初，魏武子有嬖妾，无子。武子疾，命颗曰："必嫁是。"疾病，则曰："必以为殉。"及卒，颗嫁之，曰："疾病则乱，吾从其治也。"及辅氏之役，颗见老人结草以亢杜回，杜回踬而颠，故获之。夜梦之曰："余，而所嫁妇人之父也。尔用先人之治命，余是以报。"《后汉书·杨震传》续齐谐记曰："宝年九岁时，至华阴山北，见一黄雀为鸱枭所搏，坠于树下，为蝼蚁所困。宝取之以归，置巾箱中，唯食黄花，百余日毛羽成，乃飞去。其夜有黄衣童子向宝再拜曰：'我西王母使者，君仁爱救拯，实感成济。'以白环四枚与宝：'令君子孙洁白，位登三事，当如此环矣。'"后比喻感恩报德，至死不忘。

解衣抱火：脱下衣服将火抱在身上。脱网就渊：鱼逃脱渔网，游进水深的地方。

枘凿：枘，榫头。凿，榫眼。

龃龉：上下齿不互相配合。赵趄：犹豫不前。

落落：形容孤独的样子。区区：形容细小的样子。

竣：退立，后引申为完毕。醵：凑钱饮酒。

赞襄：协助，辅佐之意。

轩轾：车子前高后低叫轩，前低后高叫轾。颉颃：形容鸟上下飞翔的样子。

作俑：为殉葬而制作木偶或陶人。孔子曾曰："始作俑者，其无后乎？"踵弊：踵，脚后跟。弊，弊病。跟着犯错误。效尤：尤，错误。效法坏的东西。

拮据：原指辛勤劳作，后引申为经济状况紧张。鞅掌：劳苦而容貌不整的样子。

入室操戈：《后汉书·郑玄传》载，何休好《公羊传》而恶《左传》《穀梁传》，郑玄乃著论以驳之，休见而叹曰："康成（玄之字）入吾室，操吾矛，以伐我乎！"

枉道：歪道。干：求。

岑楼：又高又尖的楼。孟子曾说，如果不顾楼的下面，只拿寸木去与楼尖相比，可以让方寸之木比岑楼还高。形容不知高低。

势延莫遏：延，伸展。任其顺势发展，不予遏制。包藏祸心：心里藏着害人的主意。

作舍道旁：汉代有谚语"在道路旁修房子，三年不成"，喻人们议论纷纷，意见不一，难以成事。一国三公：《左传·僖公五年》："一国三公，吾谁适从？"比喻政出多门。权力不统一，使人无所适从。

三生：佛教语，指人托生三次，过去、现在、未来三世。拂意：不如意。

耽：沉溺。双斧伐孤树：《元史·阿沙不花传》："而惟曲蘖是耽，妃姬是好，是犹双斧伐孤树，未有不颠仆者。"意思是人贪酒色，身体就会像用双斧砍伐的树木一样垮下去。寸胶澄黄河：极少的胶无法使黄河澄清。

众怒难犯，专欲难成：郑国子孔当政，发布一项命令受到大臣们反对，子孔要杀掉反对的人。子产说："众怒难犯，专欲难成。"劝子孔收回成命，子孔于是收回命令。

心烦技痒：一遇到机会就急于表现自己擅长的技艺。情欲：指人的欲望。

座上有江南：古诗有"座中若有江南客，莫向春风唱《鹧鸪》"。《鹧鸪》是一首江南的曲子。江南游子听了就容易引起乡思。

渐入佳境：晋代顾恺之吃甘蔗从尾部吃到根部，说这样吃渐入佳境。

宽役：暂停工作。夤：攀附上升。

奇货可居：指把少有的货物囤积起来，等待高价出售。也比喻拿某种专长或独占的东西作为资本，等待时机，以捞取名利地位。《史记·吕不韦列传》："吕不韦贾邯郸，见（子楚）而怜之曰：'此奇货可居'。"

外彼：见外、疏远。

发蒙振落：揭去蒙盖物，摇落树叶，形容威猛，办事轻而易举。

曲突徙薪：有一个客人见主人家的烟囱直短而旁边有薪柴，建议将烟囱弯曲薪柴移开，以防失火，但没有被采纳。后来果然发生火灾，主人将救火被烧得焦头烂额的人奉为上宾，却忘记了提建议的人。比喻对提出的预防意见不重视。

强梗：指蛮横无理的人。化外顽民：没有受过教化的愚顽的百姓。

竹头木屑：晋代陶侃担任荆襄都督，把造船用剩的木屑竹头收藏留下，人们笑他迂，后来下雪初晴，就用木屑铺地，到桓温伐蜀时，又用竹

头作钉装船，人们才知其用。牛溲马勃：牛溲，牛尿。马勃，一种草，均可入药。

五经：《诗》《书》《礼》《易》《春秋》五部儒家经典。祝钦明：唐睿宗时大臣，很有学问，长得很胖，在宴会上自请跳八风舞，丑态百出，斯文扫地。

斯文：指文人或儒者。王敦：晋代王敦谋反，梦见一木撑天，请吴猛解梦，猛言"一木撑天为未，不可妄动。"后比喻时机还没有成熟。

题凤：三国魏吕安和嵇康是好朋友，虽远隔千里，每当相思，便驾车相访。一次，吕安来访，嵇康出门未归，遇见其兄嵇喜，吕安讨厌嵇喜凡俗，在门上题写一个"凤"字而去。繁体"凤"字由"凡鸟"二字组成，意含讥讽。题午：古时有个人去访问朋友，没有遇到，便在朋友家的门上写了"午"字走了。指讥讽朋友如"牛"不出头的意思。破麦：有一妇人兵乱中与夫及子分离，一天梦见磨麦，莲花落尽，一尼姑解梦说："磨麦见夫，莲花落而莲子出。"后来妇人果然见到丈夫和儿子。破梨：传说杨进贤担任南阳刺史时，一天登舟遇风，失掉了儿子。夫妇思念儿子心切，有一天梦见与儿子剖梨。第二天请友人圆梦，友人说剖开梨就见到了子，果然十天后就找到了儿子。

片言九鼎：战国时，秦围赵都邯郸，赵使平原君赵胜赴楚求救。毛遂自荐同往，他向楚王晓以利害，使之同意救赵。赵胜赞扬毛遂"一至楚而使赵重于九鼎大吕"。一诺千金：汉代曹丘称赞季布，说楚人有谚语："得黄金百斤，不如得季布一诺。"后人用"一诺千金"形容一个人很讲信用，说话算数。

涅：可以用来做黑色染料的一种矿石。杨震：汉代人，不为后代置地产，人称清白传家。

尾大不掉：比喻部属势力强大，不服从指挥调度。太阿：宝剑名。将太阿剑倒着拿在手上，意即将剑柄给别人。

汉代马援曾对光武帝说："当今之世，非但君择臣，臣亦择君。"唐太宗曾云："创业难，守成亦不易。"

司马光曾经自言道："吾无过人者，但平生所为，未尝不可对人言者耳。"岳飞曾说："兵法之妙，存乎一心。"

边幅：布的边缘，借指衣饰。立崖岸：站在山崖、岸边，指倨傲不合群。

蕞尔：很小的样子。么麽：细小。灭裂：轻率。

误处皆缘不学：汉高祖刘邦平生犯错误的地方很多，后来有个名叫唐仲友的人评价说："误处皆缘不学，改处皆由敏悟。"强作：强行作出。

躐：逾越。足恭：巧言令色，过于恭敬。

乡愿：德行不好。巨擘：大拇指，比喻杰出的人物。

孟浪：轻率。暇豫：从容考虑。

稔恶：积恶太多。贯盈：如穿钱的线，已经贯满，后指罪恶。

诲淫、诲盗：《易经》云："慢藏诲盗，冶容诲淫。"意思是藏物不谨慎，如同教人为盗，修饰仪容，是教人为淫乱。

管中窥豹：东晋的大书法家王献之年轻时聪明过人，有一次看其父王羲之的门生们樗蒲（一种博戏），见到胜负将分，不禁叫道："南风不竞。"诸门生轻视他是小孩子，说道："这小鬼头管中窥豹，只看到一个斑点。"后以"管中窥豹"等比喻眼光狭小，所见有限，或用做谦辞。

英雄无用武之地：曹操率大军南征荆州，刘琮投降曹操，刘备只好去东吴联合孙权。诸葛亮在柴桑劝说孙权，说刘备考虑同刘表的关系才落得英雄无用武之地。他希望孙权能够与刘备联合起来共同对付曹操。后用以比喻有才能却没地方或机会施展。见：同"现"。展：舒展。采：事业。

捷足先得：汉代蒯通说："秦国失其鹿，天下人共同追逐它，才能高、跑得快的人先得它。"慰士：安慰士人。迟滞：成就得晚。

徒读父书：赵王任用赵奢之子赵括统兵，死守教条而不知道变通。蔺相如说:"赵括徒读父书,不知通变。"

肤见:肤,这里指皮肤的表层。肤见比喻见解浅薄。

昧:不明白。几:细微的变化。

一丁:指丁谓。宋朝丁谓擅权,京城中歌谣云:"欲得天下宁,拔去眼前丁。"又生一秦:秦末陈胜派武臣安抚赵地,武臣自立为王,陈胜想攻打他,相国房君说:"秦未亡而攻打武臣,是又生出一个秦朝。"意即又增加一个敌人。

属垣有耳:属垣,指墙。附墙窃听人言。勿谓秦无人:秦王赶走有才能的士会后,绕朝对士会说:"不要说秦国无人,只是我的计策得不到采纳罢了。"

助桀为虐:桀,夏朝最后一个君主,为暴君。虐,残暴,干坏事。得陇望蜀:曹操在得到汉中后有"人苦无足,既得陇,复望蜀"之言。得到了陇地,还希望得到蜀地,比喻贪得无厌。

器满则倾:器物装满了就会倾覆。物极必反:事物达到了极限,就会向相反的方面转化。

好弄:爱好游戏。谑:开玩笑。诙谐:谈话富于风趣。

交加:兼施齐下的意思。鼓衅:挑起事端。

萋斐成锦:《诗经》中有"萋兮菲兮,成是贝锦,彼谮人者,亦已太甚"的句子,意思是说花纹交错,织成像贝一样的锦,那些谮人说坏话,已经太过了。含沙射影:传说中有一种叫蜮的动物,能含沙射人的影子,让人得病,比喻在暗中攻击人或陷害人。

针砭:古代治病用的银针和砭石。鸩毒:毒药、毒酒。

李义府、李林甫:均唐朝宰相,狡险忌刻之人。唐高宗时,李义府升任中书侍郎参知政事,成为掌握朝政大权的高级官员。他表面上待人和蔼谦恭,和人说话脸上总是带着微笑,但心底里却褊狭阴险,冒犯过他或不顺从他的人,都会遭到他的迫害。因此大家称李义府"笑里藏刀"。

代庖：指代人做事。《庄子》："庖人虽不治庖，尸祝不越樽俎而代之矣。"借箸：借筷子，指代人筹划。张良在刘邦吃饭时，向刘献计曰："请借前箸，为大王筹之。"

明若观火：比喻观察事物明白透彻。

卧榻之侧，岂容他人鼾睡：南唐后主李煜派徐铉向宋求缓师，保全南唐。宋太祖说："卧榻之侧，岂容他人鼾睡。"胡越一家：唐太宗在未央宫设宴，高祖命突厥可汗起舞、南蛮冯智戴咏诗，笑着说："胡越一家，自古未有也。"

以吕易嬴：以吕家的儿子换得嬴家的天下。吕不韦把一个怀了自己儿子的女子献给秦庄襄王生下嬴政，即后来的秦始皇。以牛易马：晋代琅玡王妃与小吏牛金私通生下司马睿，就是晋元帝，虽然姓司马，实际是姓牛，故曰以牛易马。

秽播千秋：丑闻传至千年之后，指唐中宗的皇后韦后与武三思私通，韦后与武三思赌钱，中宗亲自为她点筹码。明皇赐洗儿钱于贵妃：指唐明皇的妃子杨玉环认与自己私通的安禄山为干儿子，并于第三天在内宫为他举行洗儿礼，唐明皇竟赏赐贵妃洗儿钱。

鹎鹨：即鹎鹨和喜鹊，鹎鹨雌雄紧紧相随，喜鹊群飞都互相追随。牝：雌兽。麀：牝鹿。

烝：古代指以下淫上，与母辈发生性关系。野合：指不合礼仪的婚配。

淑：善。慝：恶。法戒：效法、警戒。

◎ 译文

大学之道最重要的是明明德、日日新，小孩子学礼仪，首先要学应对的话语和礼节。人的仪容举止固然要适宜合度，说话言语尤应有条理合文法。

智能要圆通品行要端正，胆量要大而心却要细。

执事和足下都是对人的尊称；不佞、鲰生都是称自己的谦词。

请求别人原谅说宽宥，自己惶悚恐惧叫主臣。大殿选、大会状、大春元都是对举人的美称；大秋元、大经元、大三元，对士人的赞美也是不同。

大掾史是对属官吏员的美称，大柱石是对重臣乡宦的尊称。祝贺别人入学读书说云程发轫，祝贺别人升官说是元服初荣。

祝贺别人荣耀归来谓之锦旋。祝贺别人经商发财称之稇载。

送人礼物自谦为献芹；不接受礼物的婉辞则说反璧。感谢别人赠予厚礼说厚贶；自谦所送之礼微薄言菲仪。

赠送给人的路费叫赆仪；初次求见人时的礼物名贽敬。

贺寿的礼称祝敬，吊丧的礼称奠仪。接风的酒叫洗尘，送行的酒叫作祖饯。

犒赏仆役、随从叫作旌使；请酒兼带演戏叫作俳优。

感谢别人寄来书信说辱承华翰；对别人转致的问候表示谢意说多蒙寄声。盼望对方寄信来说早赐玉音；感谢人家许诺的事或物说已蒙金诺。

备帖拜访他人称为投刺。拆阅信函称为开缄。自己对他人思念长久，素同李白的瞻韩之切；想望很是殷勤，早像长卿的慕蔺之怀。

相识不深，了解并不真切，称为才有半面的认识；道途上不期然而相遇，真可算是邂逅的因缘。

拜谒名人得其援引以增声誉谓之登龙门；倾慕仰望高士贤人，称为瞻山斗、仰高贤。思念之殷切，一日如隔三秋；访友不遇而空回，渴心归去生尘埃积了万斛。

离别已经很长久，使人鄙吝的私见，难免复萌；都是离别数日的自谦而尊人之语；在外奔波来往没有依凭，好像飘荡的乱蓬，没有固定地方。

虞舜仰慕唐尧，尧去世三年后，饮食起居仍然处处想到他，颜渊效法孔子，亦步亦趋，事事仿效。

曾经与人会面，说是向己承奉颜色，接受言辞。感谢他人指教，则说幸蒙提耳亲箴，面命亲切。

求人为己吹嘘称为望汲引，请人包容原谅为包荒。求人推荐事情，说是请你代为先容，请人删改文章则说恳请郢斫。

借重鼎言是请托有声望者为自己说一些好话，使事情容易办成，乞移玉趾是请求别人亲自前来。多蒙推毂这句话是说感谢别人引荐，望作领袖，指请别人出来当首领。

品评乡党的人物推称月旦评，结交良善的朋友，有若金兰。逢人必说项斯，志在表扬人家的好处；名下定无虚士则感叹钦佩对方果然有才能。

与恶人结成党派，做非法的事，称作朋比为奸；尽所有钱财拿去赌博，名为孤注一掷。只想马虎敷衍地结束一件事则说但求塞责；劝阻别人细究深察事情的根底则说不必苛求。违命是不听从别人的话，执拗是坚持己见。觊觎、睥睨都是说非分的企图或窥视；倥偬、旁午皆言事多不暇，交错纷繁很匆忙的样子。

不肯谅解细小的过失，甚至刻意挑剔，好比吹去皮毛寻找疵病。别人有急难不仅不救，反而乘机陷害，叫作落井下石。欲望难以满足如同河流深谷难以填平；财物容易流失，如同用有漏洞的酒器盛酒。

请求别人教导，忽然间领悟，称为茅塞顿开；感谢别人规劝说多蒙药石。清修和芳躅都是懿美的品行，可作为效法、仰慕的对象；确论和美谈都是值得听取牢记的嘉言，值得称扬。

默默无语称为缄默；顿时平息怒气就叫霁威。包公难得有笑容，世人将他的笑容比作黄河清；商鞅最凶残，曾在渭水边处决囚犯七百多人，河水都被染红了。

仇恨到了极点称为切齿，开怀欢笑称为解颐。微露笑容称为莞尔；掩住了口也忍不住叫作胡卢。抚着掌笑得前仰后倾叫作闻言绝倒，哄堂是所有的人同时大笑。

留着首席等待上宾叫作虚左；同在一处做官叫作同寅。爽约、食言都是失掉信用的意思；违背誓言叫作寒盟或反汗。感恩戴德永世不忘称为铭心镂骨；牢记恩德，必当图报称为结草衔环。自己招惹来的灾殃，好像脱去了衣服在很旺的炉火上；侥幸免去了祸患，如同脱离了渔网，逃到很深的渊中。

双方不能配合相通，叫作枘凿；双方意气不能相投，互不兼容称为冰炭。彼此不能通融叫作龃龉，欲进而不前谓趑趄。落落是孤独难以相合的意思，区区是谦称自己卑小微贱的意思。

竣字就是所做的事情已经完毕的意思。醵饮就是大家凑了钱，去买酒来聚会饮酒。帮他人的忙，使他做事能成，好像琢玉成器，所以叫作玉成。众人的心已经四分五裂，难以整合所以叫作瓦解。一样的事情，偏要分出轻重就叫作轩轾。力量不相上下叫作颉颃。

首开恶例叫作作俑，沿袭前人的弊端称作效尤。做事艰难辛苦，手口共作称为拮据；劳碌繁忙无暇修饰仪容称为鞅掌。手脚一齐着地，慢慢向前移行称为匍匐。低头沉思恋恋难舍称为低徊。

明珠投在暗处，觉得委屈了一个人的才能，入室操戈伤了一家的和气，是指自相残杀。向愚人请教，如同向瞎子问路一样，势必一无所获。背弃道义而求用，好比炫玉求售既虚假又浅薄。

有智慧的人，见解大略相同，仁德之人，一句话能使百姓普遍获利。班门弄斧是说人无自知之明，在行家的面前卖弄。岑楼齐末则谓人见识浅薄，只求高楼的屋顶齐他的尖顶，是不识事物的高低根本。

祸患一旦蔓延难以遏止，好比滋生的蔓草很难剪除。外表善良胸中怀着险恶祸患他人，说他是奸诈的心思不可测度。在路旁建造房子，而议论的人太多，则事情难以成功；一国三公谓事权不能统一，让人难以适从。

会合有奇缘说三生都有幸福；办事皆与本意相违，没有一事会成功。贪恋酒色，好比拿两把利斧砍一棵树，没有不毁坏的。无才又无力，像取一寸胶质，想去澄清黄河的水，力量上必定不能胜任。

听取众人所说的话，就会明白，只听信一个人的私语，就会糊涂了，这是魏徵对唐太宗所说的话。众人都生气了就犯他不得，一个人私心所要的不容易做成功，这是子产讽劝子孔的话。有人擅长或爱好某种技艺，一有机会就想要表现自己的才能，如同身痒心烦不能自忍。没有任何的嗜好或欲望，如同已枯死的树木及已熄的灰烬，没有半点生气。

江南人听了鹧鸪曲会思乡欲归，所以席间如有江南客，说话唱曲要谨慎。往来无白丁，即言所交的朋友皆为有名望的贤人。境况逐步好转，兴味渐渐浓厚可说渐入佳境。言行举止傲慢不恭，谓之旁若无人。因事请免工作叫作告假，送钱给权贵求他引荐称为夤缘。

挟持某物作为资本，以博取功名利禄名为奇货可居。以往事为教训叫作覆车当戒。一事分出彼此的轻重即偏袒一方称为左袒，处理事情含糊其辞不置可否叫作模棱。轻而易举地摧毁敌人，如同去掉灭尘，摇落败叶一样的容易。下定决心志在必胜称为破釜沉舟。劝他弯曲烟囱移开茅草，没有给他一些恩泽，他便意识不到事先预防火灾的重要。发生了火灾，参与救火的人都搞得焦头烂额，主人将这些来救火的人当作上客对待，只知道他们参与救火的功劳；谓祸患已起，只知救急才算功大，而没有想到防患于未然的重要性。偷窃别人财物的人称为梁上君子；强硬顽固不从教化称为化外顽民。

竹头、木屑都是有用之物，牛尿、马勃也可备作治病的药物。祝钦明熟读经书，却在宴会上出尽洋相，自侮斯文，世人讥为五经扫地。晋朝王敦谋反前梦见一木撑天，圆梦者告诫不可擅动，以消除他的反意。

题凤、题午都是讥讽亲友的隐词；梦中破麦、梦中分梨，都是预兆要与丈夫、儿子相见的奇梦。毛遂的几句话强于百万的兵马，人们看重他的话，比作片言九鼎。季布的诺言必然兑现，人们佩服他的信用，称作一诺千金。岳飞背上刺有精忠报国的字样，大儒杨震把清白廉洁传给子孙。臣

下强盛，君上懦弱如同尾巴太大了，转不过身来称为尾大不掉。下属夺了上司的权柄，或以权柄授人，谓太阿倒持。

当今之世，不单是君王选择臣子，臣子也选择君王；不仅创业艰难，守业也不容易。

司马光自信光明正大，生平所做的事都可以对人说得，这是温公自信的言语。岳飞论兵法，认为运用兵法的奥妙诀窍，全在于凭智慧随机应变。人不修饰仪表容颜，是说人平坦率直。不立崖岸是说人的性格随和。

蕞尔、幺麽都是微少之意；鲁莽灭裂则是指轻率莽撞做事不精细。人会做错事，都是因为没有好好地学习。勉强自己努力去做，久而久之习惯便成自然。

做事太讲求速成，不循次序叫作躐等。对待人过分的谦恭礼貌称为足恭。貌似忠厚伪善欺世者谓之乡愿，才华事功超出常人者称作巨擘。孟浪是粗疏鲁莽之意，大都由轻率浮薄里得来。精细周详则出于从容娴静，深思熟虑。

做善事自然流芳百世；为非作歹者便要遗臭万年。过错太多叫作稔恶；罪恶累累谓之贯盈。

容貌装扮得太妖冶，便会招惹别人产生淫乱的意图。财物收藏不谨慎，等于怂恿盗贼来行窃。从竹管中窥看野豹，所看到的范围并不多，也不是全部；坐在井内观看天空，则眼界狭小见识不广。

没有适当的环境时机，英雄豪杰空有才能也无处施展。天下有道，君子才会出来为国家成就一番事业，才能大展才能。称赞人家遇事顺利，才能高的人，很早便功成名就。安慰士人得名迟滞，便说大器晚成。

凡事死守教条不知变通，徒然死读父亲的兵书。凡事自以为聪明，固守成见。见识浅显称作肤见；世俗常说的话叫作俚言。既是明智的有识之士，就不会看不出事物细微变化的先兆。既然是英雄豪杰，就能洞识当前时势并作出正确的决定。

愚笨的人提出一千条的意见，总有一条是可取的。乡民村夫等武夫，连一个丁字都不曾识得。拔去一丁意思是说除去一个大害，又生一秦是说又添了一个仇人。

告诫人们不要轻敌，就说不要以为秦国没有人。提醒大家说话谨慎，则说可能有人在墙外偷听。

帮助恶人做坏事则说助桀为虐，好比同作恶互相成就；既得了陇又想得到蜀，是说贪求财利，从来不懂知足。要晓得容器装满了水，一定会倾覆出来。事物到了极端必然会转向反面。

喜欢嬉戏玩乐叫作好弄。好说笑话言语风趣谓之诙谐。谣言诽谤在市井中到处流传，假的事也会变成真的，使人相言闹市中竟会有老虎。众多奸邪摇唇鼓舌所造成的声势，就像一大群蚊子聚集在一起，声音如同雷声一样大。

萋斐成锦是说进谗言者罗织别人细小的过失，以致酿成大罪。含沙射影则是说恶人暗中攻击或陷害他人。针、砭都是古代的医疗用具，用它可以替人治病；鸩羽有毒放在酒里，足以致人死命。

阴阳柔和最能害人，李义府外表温和内心阴险，人人都说他笑里藏刀。奸诡谲诈暗地害人，就像李林甫一样嘴上说得好听，一肚子却是害人的诡计，世人称为口蜜腹剑。

暂时代替他人去办事叫作代庖。帮助他人筹划叫作借箸。事理看得真切明亮，就好像观看火光。对付敌兵很容易战胜，这种情势有若摧毁枯木。

汉武帝内在欲望很大，外面却讲大仁大义；廉颇为国家大义考虑把私人恩怨抛在脑后。

自己的床铺边，怎能让别人呼呼睡大觉？这是宋太祖的话。天下一统，四海一家，这是唐高祖之时。吕不韦把一个怀了自己儿子的女子献给秦庄襄王生下嬴政，以吕家的儿子换得嬴家的天下。晋代琅琊王妃与小吏牛金私通生下晋元帝。

中宗为韦后点筹码，丑闻传至千年之后。杨玉环认安禄山为干儿子，唐明皇竟赏赐她洗儿钱。非类相从，不如鹁鹩和喜鹊；父子同牝叫聚麀。以下淫上叫烝，不合礼仪的婚配叫乱。

自古以来人的为善为恶，并非只有一种途径，只在于后世的人一则以效法一则以警戒。现今的时代，世人的品行有清也有浊，也并非一致，全在吾辈的身上，把他激励把他表扬。

◎ **直播课堂**

一个人生活在世上，对待事情以及处理事务的方法不尽相同。本篇例举了一系列社会生活中可能会遇到的问题，并给出了相应的建议，值得大家思考、学习。

第五章
佳肴珍馐，器用珍宝

本章介绍了饮食方面和器用珍宝方面的知识，我们可以从中了解到古代饮食文化和珍宝文化的发展。

饮食

◎ 我是主持人

　　一谈到中国饮食文化，许多人会对中国食谱以及中国菜的色、香、味、形赞不绝口。本篇在讲述饮食的同时，告诫人们要有正确的饮食观念。

◎ 原文

　　甘脆肥脓，命曰腐肠之药；羹藜含糗，难语太牢之滋。
　　御食曰珍馐，白米曰玉粒。
　　好酒曰青州从事，次酒曰平原督邮。
　　鲁酒茅柴，皆为薄酒；龙团雀舌，尽是香茗。
　　待人礼衰，曰醴酒不设；款客甚薄，曰脱粟相留。
　　竹叶青、状元红，俱为美酒；葡萄绿、珍珠红，悉是香醪。
　　五斗解酲，刘伶独溺于酒；两腋生风，卢仝偏嗜乎茶。
　　茶曰酪奴，又曰瑞草；米曰白粲，又曰长腰。
　　太羹玄酒，亦可荐馨；尘饭涂羹，焉能充饥。
　　酒系杜康所造，腐乃淮南所为。
　　僧谓鱼曰水梭花，僧谓鸡曰穿篱菜。
　　临渊羡鱼，不如退而结网；扬汤止沸，不如去火抽薪。
　　羔酒自劳，田家之乐；含哺鼓腹，盛世之风。

人贪食曰徒铺歠，食不敬曰嗟来食。

多食不厌，谓之饕餮之徒；见食垂涎，谓有欲炙之色。

未获同食，曰向隅；谢人赐食，曰饱德。

安步可以当车，晚食可以当肉。

饮食贫难，曰半菽不饱；厚恩图报，曰每饭不忘。

谢扰人曰兵厨之扰，谦待薄曰草具之陈。

白饭青刍，待仆马之厚；炊金爨玉，谢款客之隆。

家贫待客，但知抹月批风；冬月邀宾，乃曰敲冰煮茗。

君侧元臣，若作酒醴之曲蘖；朝中冢宰，若作和羹之盐梅。

宰肉甚均，陈平见重于父老；羹羹示尽，邱嫂心厌乎汉高。

毕卓为吏部而盗酒，逸兴太豪；越王爱士卒而投醪，战气百倍。

惩羹吹齑，谓人惩前警后；酒囊饭袋，谓人少学多餐。

隐逸之士，漱石枕流；沉湎之夫，藉糟枕曲。

昏庸桀纣，胡为酒池肉林；苦学仲淹，惟有断齑画粥。

◎ 注释

甘脆肥脓：指食物甜的、脆的、肥的、厚的。腐肠：腐烂肠胃。羹藜含糗：藜，蓬蒿。糗，米、麦等谷物。太牢：古代祭祀社稷时用的牛、羊、猪三牲。

御食：皇帝食用的食品。珍馐：珍奇美味的食物。

青州从事、平原督邮：晋代桓温手下有位主簿把好酒叫作青州从事，次酒叫作平原督邮。因为青州有齐郡，齐与脐同音，好酒直下到脐下；平原有鬲县，鬲与膈同音，次酒只到膈下。

鲁酒：春秋时，楚国大会诸侯，鲁国献的酒味道不浓。茅柴：指酒味道就像茅柴烧过一样。龙团、雀舌：古代茶叶的名称。

醴酒：甜酒。脱粟：糙米。

竹叶青、状元红：都是美酒名，竹叶青产于古苍梧，用竹叶掺和，故名；状元红来自古诗"持杯醉饮状元红"。葡萄绿、珍珠红：酒名。醁：醇厚的美酒。

五斗解酲：酲，酒后神志不清。晋代刘伶嗜酒，故对妻子戏言："喝五斗酒才能解酒瘾。"两腋生风：唐代诗人卢仝爱喝茶，曾说："喝过了茶就成两腋生风。"

酪奴：茶的别名。瑞草：珍贵的草，茶的别名。长腰：米名，形状狭长。

太羹：传说尧以肉汁作羹，没有盐等调味品，称为太羹。玄酒：祭祀用的水。尘饭涂羹：儿童游戏时用土做的饭和汤。

杜康：传说中酿酒技术的发明者。腐：豆腐。据说是汉代淮南王刘安发明的。

水梭花、穿篱菜：《东坡志林》载，僧谓酒为般若汤，鱼为水梭花，鸡为穿篱菜。这是僧人忌讳的说法。

扬汤止沸：汤，开水。把开水从锅中舀起再倒进去来阻止水的沸腾。

羔：小羊。含哺鼓腹：含着食物敲着肚子，形容太平盛世。

徒，只是。餔，吃。啜，喝。嗟来食：春秋时，齐国发生了一次严重的饥荒，黔敖摆设食物于路口，准备救济饥民。有个饥民走来，黔敖看到后，傲慢地喊道："嗟！来食！"那个饥民瞪着眼说："我正因为不吃'嗟来之食'，才饿成这个样子的！"嗟，呼唤对方，含有轻蔑之意。

饕餮：比喻贪吃。欲炙之色：炙，烤肉。想吃肉的样子。晋代顾荣与同僚喝酒，看见送肉的人想吃肉的样子，就将自己的一份送给他吃了。

向隅：对着墙角。饱德：《诗经》中有"既醉以酒，既饮以德"的句子，指饱受恩德。

安步：平和安稳地走路。当车：当作坐了车子一样舒服。晚食：很晚才进食，指肚子饿了才吃。

贫难：贫苦困难。半菽：吃的饭里有一半是豆子，指粗劣的饭食。

菽，大豆。

扰：叨扰。兵厨之扰：晋代阮籍嗜酒，听说步兵厨房里贮有三百斛酒，就申请当步兵校尉。草具之陈：装粗劣食物的餐具，指款待薄。《史记》载，项羽派遣使者到刘邦营中，陈平行反间计，开始上的是太牢之具，见到项羽的使者说："我还以为是范增的使者，原来是项羽派来的。"于是换上草具。

刍：喂牲口的草。炊金爨玉：炊、爨，烧火做。金、玉，比喻食物精美。

抹月批风：抹、批，切菜的方式，细切为抹，薄切为批。把风月当作菜肴，表示家贫无以招待客人。苏东坡有"家无以娱客，但知抹月批风"的诗句。敲冰煮茗：敲开冻冰，煮水做茶招待客人。

君侧元臣：君王身边的大臣。曲糵：酿酒用的发酵剂，比喻大臣的辅佐作用。冢宰：宰相。和羹：调和制成的羹汤。盐梅：调味品。

宰肉甚均：汉代陈平在乡中分肉非常平均，深得乡中父老的信任。戛羹示尽：刘邦到嫂子家，嫂子正在吃肉羹，见刘邦到来，就刮盆底假装没有了。刘邦因此怨恨嫂子，当皇帝之后封侄儿为羹颉侯。

毕卓为吏部而盗酒：晋代毕卓提任吏部郎，邻居家酿酒，他去偷喝，结果醉卧在酒瓮旁。越王爱士卒而投醪：越王勾践曾把酒倒在河上游，让士兵迎着河水饮酒，士兵因此感动，无不献身。

惩羹吹齑：齑，细切的冷食。被热汤烫过后吃咸菜也要先吹一吹，比喻过于谨慎。酒囊饭袋：比喻只会吃，不会做事。

漱石枕流：晋代孙楚少年时想隐居，对王武子说："当枕石漱流。"结果说成漱石枕流，然后辩解说："所以漱石，是为了磨砺牙齿；枕流，是为了洗耳。"后用此比喻士大夫隐居。藉糟枕曲：靠着酒糟，枕着酒曲。

酒池肉林：形容穷奢极欲。断齑画粥：宋代大臣范仲淹小时候家里很穷，每天煮粥待凝固后划成四块，早晚可取两块，就着咸菜吃。

◎ 译文

　　甘甜脆酥、浓醇肥美的食物，吃多了便是腐烂肠胃的毒药。对于那些终日以粗粮野菜充饥的人，很难描述牛、羊、猪这些佳肴的滋味。皇帝吃的食品叫珍馐，白米又称玉粒。

　　青州从事是好酒的别名，平原督邮是劣酒的代称。

　　鲁酒、茅柴都是味道不醇厚的酒；龙团、雀舌都是上等的香茗。待客的礼仪渐衰微，称为醴酒不设。款待客人十分菲薄叫作脱粟相留。竹叶青、状元红都是甜美的红酒，葡萄绿、珍珠红都是醇厚的香醪。

　　喝五斗酒才能解酒瘾，刘伶极其爱酒；卢仝特别喜好喝茶，喝了七杯茶以后觉得两腋习习清风生。茶又名酪奴，又称瑞草；米也称为白粲、长腰。

　　祭祀祖先不一定要丰馔美酒，只要恭敬诚心，即使用肉汁清水，也可以祭祀；把灰尘泥土当作羹饭哪能救人饥荒呢！

　　酒是杜康首先制造的，豆腐则是淮南王刘安所发明。

　　僧人给鱼起个别名叫水梭花，给鸡起的别名是穿篱菜。

　　站在水边想得到鱼，不如回家去结网；扬起沸水使其不再沸腾，不如抽去锅底的柴火。吃了羊羔美酒，嘴里发出呜呜的声音，这是种田人家自己慰劳自己，表达出农家的欢乐。口里含着食物，肚子吃得饱饱的，这是形容太平盛世人民饱食自得、无忧无虑的状况。

　　贪吃懒做的人，每天只知吃喝叫作徒哺；带有轻视性的施舍叫作嗟来食。

　　贪于饮食不知厌足，这是饕餮这一类的人；看见食物就垂涎三尺，一副很想吃的样子。

　　没有被邀请同食叫向隅，感谢主人殷勤款待赏赐食物叫作饱德。

　　把平和安稳地走路当作坐车子一样舒服，肚子饿了才进食食物都很美味。

家境穷困时常吃不饱称为半菽不饱。受人厚恩常思报答称为每饭不忘。

　　兵厨之扰是表示叨扰酒食的谢意；主人自谦待客菲薄叫作草具之陈。给客人的仆人吃白米饭，用青草喂他的马，由此可知主人待客之厚，炊金爨玉比喻饮食之精美豪奢，是宾客感谢主人款待隆重的说辞。

　　抹月批风是文人表示家贫，没有东西可以招待客人的戏言，敲冰煮茗是冬天邀请客人的雅称。

　　陈平分肉十分公平，乡里父老都夸奖他；大嫂厌恶刘邦，在他来时故意敲锅子，表示羹已经吃完。毕卓在吏部做官，夜里却到邻家偷酒喝，这种逸兴未免太过分；越王把酒倒在河水上游，让军士们都能喝到，军士们感激他的恩惠，因而勇气百倍。

　　惩羹吹齑是说因为喝热汤烫伤了，连吃冷菜，也不敢到口就吃，还要把它吹一吹，是惩前戒后，过分小心的意思。酒囊饭袋是形容人不学无术只会吃喝。隐逸山林之士漱石枕流，是何等的清高；沉湎于酒中的人，如同靠着酒糟，枕着酒曲每天活在醉乡之中。

　　昏庸无道的桀、纣，为什么要以酒为池，以肉为林，作长夜之饮呢？范仲淹刻苦求学，每天仅靠咸菜与粥度日。

◎ 直播课堂

　　中国饮食文化丰富多样，由于地理、气候、人口及其他多种原因，中国人的饮食从先秦开始，就是以谷物为主，肉少粮多，辅以菜蔬的结构为主。

器用

◎ 我是主持人

　　器用是指工作时所需用的器具，后引申为手段。我们在使用工具的过程中可以获取不少生活的启示。

◎ 原文

　　一人之所需，百工斯为备。
　　但用则各适其用，而名则每异其名。
　　管城子、中书君，悉为笔号；石虚中、即墨侯，皆为砚称。
　　墨为松使者，纸号楮先生。
　　纸曰剡藤，又曰玉版；墨曰陈玄，又曰龙剂。
　　共笔砚，同窗之谓；付衣钵，传道之称。
　　笃志业儒，曰磨穿铁砚；弃文就武，曰安用毛锥。
　　剑有干将莫邪之名，扇有仁风便面之号。
　　何谓箑？亦扇之名；何谓籁？有声之谓。
　　小舟名舴艋，巨舰曰艨艟。
　　金根是皇后之车，菱花乃妇人之镜。
　　银凿落原是酒器，玉参差乃是箫名。
　　刻舟求剑，固而不通；胶柱鼓瑟，拘而不化。
　　斗筲言其器小，梁栋谓是大材。

铅刀无一割之利，强弓有六石之名。

杖以鸠名，因鸠喉之不噎；钥同鱼样，取鱼目之常醒。

兜鍪系是头盔，叵罗乃为酒器。

短剑名匕首，毡毯曰氍毹。

琴名绿绮焦桐，弓号乌号繁弱。

香炉曰宝鸭，烛台曰烛奴。

龙涎鸡舌，悉是香名；鹢首鸭头，别为船号。

寿光客，是妆台无尘之镜；长明公，是梵堂不灭之灯。

桔槔是田家之水车，襏襫是农夫之雨具。

乌金，炭之美誉；忘归，矢之别名。

夜可击，朝可炊，军中刁斗；云汉热，北风寒，刘褒画图。

勉人发愤，曰猛著祖鞭；求人宥罪，曰幸开汤网。

拔帜立帜，韩信之计甚奇；楚弓楚得，楚王所见未大。

董安于性缓，常佩弦以自急，西门豹性急，常佩韦以自宽。

汉孟敏尝堕甑不顾，知其无益；宋太祖谓犯法有剑，正欲立威。

王衍清谈，常持麈拂；横渠讲《易》，每拥皋比。

尾生抱桥而死，固执不通；楚妃守符而亡，贞信可录。

温峤昔燃犀，照见水族之鬼怪；秦政有方镜，照见世人之邪心。

车载斗量之人，不可胜数；南金东箭之品，实是堪奇。

传檄可定，极言敌之易破；迎刃而解，甚言事之易为。

以铜为鉴，可整衣冠；以古为鉴，可知兴替。

◎ 注释

备：准备。

用则各适其用：器物的用途各不相同。

管城子：唐代韩愈曾写《毛颖传》，说毛笔被封在管城，叫"管城子"。后管城子成为毛笔的代称。中书君：古代笔的别称。秦始皇封蒙恬于管城，并累拜中书之故，后人遂别称笔曰"管城子"或"中书君"。石虚中、即墨侯：砚的别名。《文房四谱·砚谱》引文嵩《即墨侯石虚中传》云："石虚中，字居默，南越人，因累勋绩，封之即墨侯。"于是"石虚中""居默""即墨侯"便成了砚的雅号。

松使者：墨是用松树的墨烟熏成的，故称松使者。传说唐玄宗用的墨叫龙香剂，一天看见墨上有像苍蝇那么大的小道士行走，就呵叱一声，小道士连呼万岁说："我是墨的精灵，松使者。"楮先生：楮树皮是造纸的原料，故称纸为楮先生。

剡藤：剡溪的藤，造出的纸极美。玉版：成都的浣花溪，造出的纸光滑，称为玉版。

同窗：同学。付衣钵：衣钵是佛教僧尼的袈裟和乞食用的钵盂，以后泛指师传的学问、技能。

磨穿铁砚：五代时，桑维翰考进士，考官因其姓与"丧"同音，弃置不取。人们劝他不要再考了，另求其他门路做官。桑维翰不肯，慨然著《日出扶桑赋》以明志，并特地用铁铸了块砚，说："什么时候把这铁砚磨穿了再改变仕进的想法。"后来果然中了进士。毛锥：毛笔，以束毛为笔，形状如锥。

干将莫邪：中国古代传说中造剑的名匠。干将，春秋时吴国人，曾为吴王造剑。后与其妻莫邪奉命为楚王铸成宝剑两把，一曰干将，一曰莫邪。仁风便面：仁风，仁德之风，本为古代赞美帝王或地方长官的阿谀之词，说其恩德如风之遍布，后来借指扇子。便面，用来遮面的扇状物，后来也称团扇、折扇为便面。

箑：传说古代有一种吉祥草叫作箑，叶子自动扇风，后以箑指扇。

籁：指各种声音。

艨艟：古代战船，船体用牛皮保护。

金根：车名。菱花：古代镜子背面有菱花图案，故可代指镜。

凿落：唐代称杯为凿落。玉参差：镶玉的排箫，后用玉参差代指箫。

刻舟求剑：《吕氏春秋·察今》："楚人有涉江者，其剑自舟中坠于水，遽契其舟曰：是吾剑之所从坠。舟止，从其所契者入水求之。舟已行矣，而剑不行。"后以"刻舟求剑"比喻拘泥成法，固执不知变通。胶柱鼓瑟：瑟，一种古乐器。柱，瑟上转动琴弦以调节声音高低的短木。柱被黏住，音调就不能换，比喻拘泥不知变通。

斗筲：斗和筲都是很小的容器。后来比喻人的见识短浅，器量狭小。

梁栋：即栋梁，房屋的大梁，比喻担负国家重任的人。

铅刀：用铅做成的刀，很软。石：古代重量单位，百二十斤为石。

杖以鸠名：手杖称为鸠杖，据说是因为鸠吃东西不会噎食，以提醒老人吃饭慢一点。钥同鱼样：古代的锁或钥匙和鱼外形一样，据说是取自鱼常睁着眼，以提醒人们注意的意思。

兜鍪：头盔。叵罗：酒卮。

氍毹：毛织的地毯。

绿绮：古琴名。焦桐：东汉时，有吴人烧桐来做饭，蔡邕听到火烈的声音知道所烧的是良木，就拿来做了琴，果然声音很美妙，因为琴尾是烧焦了的，当时人称之为焦尾琴。乌号、繁弱：都是古时良弓。

宝鸭：鸭形的香炉。烛奴：烛台的别称。

龙涎：一种珍贵的香料。鸡舌：香名，可治口气。鹢首：古代船头上画着鹢鸟，故称船首为鹢首，亦指船。鸭头：指船首作鸭头状的大船。

寿光客：指镜。长明公：燃灯供佛前，昼夜不灭，所以叫长明，指佛堂里的灯。

桔槔：井上汲水的一种工具，也泛指吊物的简单机械。袯襫：古时指农夫穿的蓑衣之类防雨的衣服。

乌金：煤炭对于普通百姓很贵重，所以称乌金。忘归：箭名。

刁斗：用铜制作的古代军队用具，夜间用来打更，白天做饭。刘褒画图：汉代刘褒画《云汉图》，观看的人都感到热，又画《北风图》，看到的人都感到凉快。

猛著祖鞭：晋代刘琨与祖逖要好，曾给好友写信说："我立志驱除南犯的敌人只恐祖逖的马鞭打到我的前面。"后用来勉励人努力进取。宥：宽待。汤网：商汤看见有猎人捕鸟，四面用网围住，就说："这是夏桀的做法。"于是去掉三面，只留一面，诸侯听说了，赞叹说："商汤的仁慈兼及禽兽，真是德行高尚啊。"

拔帜立帜：韩信打仗时，曾要求部下将敌人阵地的旗帜都换成自己的旗帜，结果敌人大败。楚弓楚得：楚王的弓丢失了，手下人要去找，楚王说："楚人丢失了弓，还不是楚人拾到了，何必去找呢？"后孔子讥笑楚王心胸不够大度："不曰人遗弓，人得之乎？何必楚乎？"

董安于：战国人，性情迂缓，所以常佩着弓弦以提醒自己保持紧张。西门豹：战国时人，性情急躁，常佩着牛皮以提醒自己不要性急。因弓弦是紧绷的，而牛皮比较柔韧。

堕甑不顾：汉代孟敏曾把甑掉到地上，头也不回就走了，别人问他为什么，他说："已经摔破了，看有何益？"比喻事情已经过去，虽有遗憾，但不做无益的惋惜。

王衍：晋代人，终日清谈，常拿着拂尘。横渠：宋代张载，世称横渠先生。每拥皋比：皋比，虎皮坐垫。指常常坐在虎皮坐椅中。

尾生：古代传说坚守信约的人。尾生一生特别信守诺言，只要说过的话就一定要做到。一天他与一个心爱的女子相约在桥下相见，该女子没有按期来。突然天降暴雨，水漫到他的腰间，他还是痴心等待，信守他的诺言，结果被水淹死了。楚妃守符：楚昭王出游时，将夫人留在渐台，和她约定说，一定派人拿着信符来接她，当楚王派人来接时，使者忘记带信符，夫人不敢随往，结果被水淹死。

温峤昔燃犀：传说晋代人温峤任都督江州军事时，过牛渚桥，相传桥下有怪物，温峤点燃犀角照桥下，怪物一会儿就覆灭了。秦政有方镜：传说秦始皇有一面方镜，能照见人的肝胆。

车载斗量：形容数量众多，而质量一般。南金东箭：古代东南地区竹箭很好，西南地区的金矿很好，称为南金东箭。晋代顾荣、纪瞻等人品行很好，被誉为南金、东箭。

传檄可定：不用兵，只传檄文就可平定。韩信曾说，三秦地区传一道檄文就可以平定了。迎刃而解：碰到刀刃就分解开来。晋代杜预进攻吴国时说："现在的形势就像是劈竹子，破开数节后，就可以迎刃而解了。"

◎ 译文

凡是一个人生活中所使用的各种物品，需要具备各种技能的工匠才能制造出来。虽然每种物品都有其适用之处，名称则各不相同。

管城子、中书君都是毛笔的别号；石虚中、即墨侯都是砚台的不同称呼。

墨又称为松使者，纸称作楮先生，剡藤和玉版都是纸的别名；陈玄、龙剂都是墨的别号。朋友互取益叫作笔砚同事；师生传授道学称为衣钵相传。

立定志向去钻研儒学，哪怕磨穿铁砚。丢弃文学去学习武艺，哪里还用得到毛笔呢？

干将、莫邪都是宝剑的名称；仁风、便面都是扇子的别号。

何谓箑？就是扇子；何谓籁？就是声音。小船别名舴艋，战舰叫作艨艟。皇后乘坐的车子叫作金根车。女子梳妆所用的镜子叫作菱花镜。凿落是酒杯的名字，参差就是洞箫的别名。

用刀在舟旁刻下记号，照着记号去寻他的剑，这种人一味固执愚笨，全然不知变通；用胶粘住了弦柱，去弹那个瑟，这种人固执拘泥不化。

斗筲是说人的才识短浅气量狭小，好比斗和筲容不下较多的米和麦。人的才干出奇，好比房屋的梁柱，担当得起重大的责任。不会做事，好比用铅来做刀，拿来切东西都不够锋利。强硬的弓有六石之称。

　　拐杖取名为鸠杖，是因鸠鸟吃食不噎，用以祝福老人饮食不噎；锁钥做成鱼的形状，是因为鱼昼夜都不闭眼，取它能常醒守护之意。

　　兜鍪俗名称作头盔，叵罗是饮酒的杯子。短剑叫作匕首，毛织的地毯称为氍毹。

　　绿绮、焦桐都是琴的别名，乌号、繁弱都是弓的代称。鸭形的香炉叫作宝鸭，人形的炉台称炉奴。龙涎、鸡舌都是香料的名称；鹢首、鸭头都是船的名号。

　　寿光客是梳妆台上不染尘埃的宝镜，长明公是佛堂里永不熄灭的油灯。桔槔是种田人提水用的工具。襏襫是农夫遮雨的雨具。乌金是炭的美名，忘归是箭名。军队中用的刁斗，夜里巡更可以用来敲击，白天可以用来煮饭。东汉刘褒画图真神妙，画《云汉图》，看的人都会觉得热；画《北风图》，看的人都会觉得寒冷，这些都是室内挂的图画。

　　晋朝刘琨见祖逖奋发有为，说："祖先生着我鞭。"后人便把勉励他人发愤进取，说成猛著祖鞭。商汤见猎人网张四面，便解开三面使一部分禽兽逃生，因此请求别人宽恕，就说幸开汤网。

　　拔去赵国的白帜，树起汉朝的赤帜，韩信所用的计谋甚为奇特；楚王失了弓，便说楚人失了楚人得了，楚王的见识还是不够远大。

　　董安于慢性子，经常佩带弓弦以督促自己迅速一些；西门豹急性子，经常佩戴熟牛皮，以提醒自己缓和一些。

　　汉代孟敏失手把甑掉在地上，并不再看它一眼，因为再看也无用；宋太祖说犯法有剑，是想树立自己的威信。王衍清谈时常拿着拂尘，横渠先生讲《易》，常常坐在虎皮椅中。尾生信守诺言等候女子，结果遇到洪水被淹死，真是不知变通；楚妃在渐台上等符，水淹台塌而亡，其坚贞值得记载。温峤曾经燃犀，照见了水族中的奇异怪兽；秦始皇有一方镜，能洞察世人的邪恶之心。

用车载不完，用斗量不尽，那些平庸的人，数也数不清楚。西南的金石，东南的竹箭，是形容杰出人物才干品格的奇特。

传了檄文就能把地方安定下来，能够轻易战胜敌人，谓之传檄可定。事情容易解决称为迎刃而解。

唐太宗曾说，用铜做镜子，可以对镜整理衣冠；以历史作为镜子，能够知道王朝兴衰得失的缘由。

◎ 直播课堂

工具就是能够协助人们完成工作的器具。大部分人类学家相信工具的使用是人类进化史上重要的一步，工具的发明和发展是推动人类社会发展的重要介质和动力。

珍宝

◎ 我是主持人

广义的宝石泛指一切美丽而珍贵的石料，我国学者用"贵美石"一词替代。狭义的宝石则专指可用于制作贵重首饰的石料。人们普遍认为它应具有瑰丽、稀罕和耐久三个特性。当今首饰市场上使用的宝石材料可按人工介入程度的不同将其分为六种：真正的天然宝石，经人工改良的天然宝石，合成宝石，人造宝石，模拟宝石和黏合宝石。

◎ 原文

山川之精英，每泄为至宝；乾坤之瑞气，恒结为奇珍。

故玉足以庇嘉谷，明珠可以御火灾。

鱼目岂可混珠，碔砆焉能乱玉。

黄金生于丽水，白银出自朱提。

曰孔方、曰家兄，俱为钱号；曰青蚨、曰鹅眼，亦是钱名。

可贵者明月夜光之珠，可珍者晋璠瑜琬琰之玉。

宋人以燕石为玉，什袭缇巾之中；楚王以璞玉为石，两刖卞和之足。

惠王之珠，光能照乘；和氏之璧，价重连城。

鲛人泣泪成珠，宋人削玉为楮。

贤乃国家之宝，儒为席上之珍。

王者聘贤，束帛加璧；真儒抱道，怀瑾握瑜。

雍伯多缘，种玉于蓝田而得美妇；太公奇遇，钓璜于渭水而遇文王。

剖腹藏珠，爱财而不爱命；缠头作锦，助舞而更助娇。

孟尝廉洁，克俾合浦还珠；相如勇忠，能使秦廷归璧。

玉钗作燕飞，汉宫之异事；金钱成蝶舞，唐库之奇传。

广钱固可以通神，营利乃为鬼所笑。

以小致大，谓之抛砖引玉；不知所贵，谓之买椟还珠。

贤否罹害，如玉石俱焚；贪得无厌，虽锱铢必算。

崔烈以钱买官，人皆恶其铜臭；秦嫂不敢视叔，自言畏其多金。

熊衮父亡，天乃雨钱助葬；仲儒家窘，天乃雨金济贫。

汉杨震畏四知而辞金，唐太宗因惩贪而赐绢。

晋鲁褒作《钱神论》，尝以钱为孔方兄；王夷甫口不言钱，乃谓钱为阿堵物。

然而床头金尽，壮士无颜；囊内钱空，阮郎羞涩。

但匹夫不可怀璧，人生孰不爱财。

◎ 注释

乾坤：《易经》中的两个卦名，引申为天地。

玉、明珠：古代认为珠玉等是山川精华泄露出来的，可以防灾得福。

嘉谷：五谷的总称。

碔砆：像玉的石头。

丽水：指金沙江，出产金沙。朱提：朱提山，在四川西部，出产白银。

孔方、家兄：晋代鲁褒曾写《钱神论》，称钱"亲如家兄，字曰孔方"。青蚨：《搜神记》中记载的一种虫子，据说捉住母虫，子虫就飞来，捉住子虫，母虫就飞来，将母虫和子虫的血分别涂在八十一文钱上，买东西时花去其中一种钱留下另一种，则花去的钱都会复飞回来。鹅眼：南朝宋沈庆通家私铸的钱，一千文穿起来还不到三尺长，被称为鹅眼钱。

璠瑜琬琰：都是美玉的名字。

燕石为玉：宋国有一个人把燕石当作玉，用十重黄色的丝巾包藏起来。缇巾：黄色丝巾。卞和：楚国人，得到一块璞玉，献给楚王，结果楚厉王和楚武王都认为是欺骗自己，先后砍去了他的双足，后来文王相信了卞和，剖开璞玉，果真得到一块美玉，起名为"和氏璧"。

惠王之珠：战国时魏惠王，曾吹嘘自己有玉能照亮前后十二乘车。和氏之璧：和氏璧被赵国得到后，秦国言欲用十五座相连的城换取它。

鲛人：传说中居于海底的人鱼。《博物志》载，水国鲛人的泪滴可以变成珍珠。削玉为楮：传说宋国人用玉刻削成楮树叶，放在真楮叶中很难分辨真假。

儒为席上之珍：这是孔子曾经说过的话，意思是说儒者就像席上的珍宝一样等待人来聘用。

王者聘贤：汉武帝派人带束帛和玉璧请申公到朝廷来任职。真儒抱道：真正的儒者坚持真理，就像怀里拥着瑾，手中握着瑜一样。瑾、瑜：

都指美玉。

雍伯多缘：雍伯，应为伯雍。相传古时有一个叫杨伯雍的年轻书生，家境欠佳，性至孝，父母死，即以葬地为家。有一仙人给他一斗石头，说："种之可以产玉，且获美妻。"数年后玉子生石上，后又在玉田中得白璧五双。后闻徐氏女美，往求婚，徐家索白璧一双为聘，伯雍乃娶徐女为妻。太公奇遇：周文王访贤者，遇姜太公垂钓于野。太公向文王进言，说："以饵取鱼，鱼可杀；以禄取人，人可竭，君王只有不惜爵禄网罗人才，才能使天下归之。"文王遂拜太公为师。

剖腹藏珠：唐太宗曾经问侍臣："听说西域商人得美珠，剖身以藏，有这种事吗？"侍臣说："有的。"太宗说："商人的行为的确很荒谬，但是，有的人为了贪污而失去性命；有些皇帝为了追求享乐就断送国家的未来。他们的行为不就和那个商人一样笨吗？"缠头作锦：舞女缠在头上的装束，也指赠给舞女的锦帛及钱财。

合浦还珠：广西合浦产珍珠，因太守贪欲无度，珍珠都迁移走了，后来孟尝担任太守，十分廉洁，珍珠慢慢又迁回来了。相如勇忠：相如，指蔺相如。秦昭王得知赵惠王得到和氏璧，想假装以十五座城池与他交换来骗取和氏璧。赵惠王派蔺相如前去交易，秦王拿到和氏璧后却不谈城池交换事宜。蔺相如设计骗回和氏璧，并派人连夜将和氏璧送回赵国。

玉钗作燕飞：汉武帝时有两仙女赠玉钗，汉武帝送给赵婕妤，宫人想打碎玉钗，结果玉钗变成白燕飞天而去。金钱成蝶舞：唐穆宗时，宫中牡丹花开放，有黄色、白色的蝴蝶数万只在花间飞舞，皇帝命令张网捕捉，得到数百只，仔细一看，原来是府库的金钱。

广钱固可以通神：唐代张延断案，有人送他一万钱，请他不要过问此事，张延不理会，第二天，有人又送十万钱，张延说："十万钱可以通神灵，我担心遭受灾祸，不能不停止了。"营利乃为鬼所笑：南朝刘伯龙担任官职，家中很穷，想赚点钱，旁边有一个鬼拍手大笑，刘伯龙叹息说：

"贫穷是命，今天被鬼笑话。"

抛砖引玉：相传唐代诗人赵嘏至吴，常建欲得其诗，知他必游灵岩寺，乃先题诗二句于寺壁。赵嘏游寺见后，补上二句以成一绝。常建诗不及赵嘏，时人乃谓常建之举是抛砖引玉。后比喻自己先发表粗浅的意见，目的在于引出别人的高见。买椟还珠：楚国有个商人到郑国去卖珍珠，为了生意好，他用木兰做成装珍珠的"椟"（匣子），用桂椒熏过，缀着珠玉，插着玫瑰，再以翡翠装饰。郑人买下椟，而把珍珠还给卖主。

否：指不贤的人。锱铢：极小的重量单位。

崔烈以钱买官：汉代人崔烈，用五百万钱买了一个司徒的官职，结果儿子崔均说："外面的人都说你有铜臭味。"秦嫂不敢视叔：传说苏秦潦落时，嫂子不给他做饭，受到赵王重用后，嫂子跪在地上不敢抬头见他，苏秦问她为何，嫂子说："因为你地位高，钱非常多。"

熊衮：唐代御史，奉公守法，家无积蓄。父亲死后，上天降下十万钱帮他安葬。仲儒：翁仲儒家贫，上天降下十斛金给他家，因此他可以与王侯比富。

杨震：汉代人，曾经推荐王密为邑令，王密晚上带着金子赠给他，说："黑夜无人知道。"杨震说："天知地知，你知我知，何谓无知。"惩贪而赐绢：唐代长孙顺德接受别人贿赂的绢，事情被发觉后，唐太宗又赐给绢十匹，使他羞愧难当。

阿堵物：晋时，王衍一生从不谈论钱或说"钱"字，他的妻子故意将钱放在房中，挡住他走路，想逼他说出一个"钱"字。谁知王衍看见了钱，因钱堵住走路，就教他妻子把那堵物拿开，就是不说出一个"钱"字。

阮郎羞涩：晋代阮孚带一个包囊游会稽，有人问他包中是何物，阮孚说："只有一文钱在包，恐怕它羞涩。"

◎ 译文

　　名山大川所蕴藏的精粹英华，每每泄露出来而成为奇珍至宝。天地之间的祥瑞灵气，总会凝聚成为奇珍。所以玉石可以庇护五谷，使无水旱之灾；珍珠可以防御火灾。

　　鱼目怎么能和珍珠混在一起，去冒充珍珠呢？碔砆虽然很像玉，但是怎能冒充做真玉呢！丽水中出产金沙，朱提郡出产银矿。孔方兄、家兄都是钱的别称。青蚨、鹅眼也是对钱的称呼。

　　值得珍惜的是越南的明月珠，大秦的夜光珠；值得珍视的是鲁国的璠瑜玉，西序的琬琰玉。宋人把燕石当成宝玉，用缇巾箱匣重重叠叠地包裹密藏；楚王将璞玉当作石头看待，两次砍下卞和的脚。

　　魏惠王的宝珠，光芒可以照亮前后车二十余乘，和氏璧的价值很高，可以用它来换取十五座的城池。鲛人哭泣的眼泪化成了珍珠，宋人以玉雕琢成楮叶真假难辨。有贤能的人是国家的宝贝，读书人是席上的珍品。

　　古时君王聘请贤士，要以束帛加美玉为聘礼。真正的儒者坚守道义，怀瑾握瑜品德高洁。杨雍伯机缘很好，在蓝田种玉，又以所收获之玉为聘礼，娶了美貌的妻子；姜太公有奇遇，在渭水钓得璜玉，而后遇见周文王，辅佐文王建立了周朝。

　　剖开肚子来藏珍珠，这种人只知爱财而不知爱惜生命，把锦缎裹在头上，既助舞姿更添娇容。孟尝廉洁，能够使已迁住他处的珍珠，又返回合浦生殖。蔺相如忠勇，终于使秦国归还了和氏璧。

　　玉钗化为燕子飞去，这是汉代宫廷的异事；金钱变作蝴蝶飞舞，这是唐朝国库的传奇。钱财多了，连神明都可通达，营谋了利益连鬼都会耻笑。

　　拿小的价值较差的东西，引来较大较好的东西，这种方式称为抛砖引玉。只看外观不知实际的价值，这钟贪贱失贵的行为叫作买椟还珠。好歹不分善恶一同遭祸，称之为玉石俱焚。贪得无厌，计较一些微小的金钱，称为锱铢必算。

　　崔烈用钱财买来官位，人们都厌恶他身上的铜臭味；苏秦佩了相印以后，他的嫂子不敢正眼看他，自称是害怕苏秦位尊而多金。熊衮清廉，父亲死了而无钱安葬，天上降下钱币来帮助他办理丧事。翁仲儒家境贫穷，天上落下金子救济他的贫困。汉代杨震畏惧四知（天知、地知、你知、我知），而不接受别人赠送的金钱；唐太宗为整贪污受贿，故意赐给长孙顺德绢帛。晋鲁褒称钱为孔方兄，王夷甫一生厌恶谈钱，他的妻子故意用钱挡住他走路，他说把那堵路的东西拿开。

　　虽说平常的百姓，不可以私藏宝玉；然而人生在世，哪一个不需要用到银钱？一旦床头的黄金用完了，即使是大丈夫，也会觉得颜面无光。口袋里没有钱的时候，阮郎也会感到有些羞涩。

　　但是平常的百姓，不可以私藏宝玉，这样会引来祸患；人生在世谁不贪爱钱财，但要取之有道。

◎ 直播课堂

　　君子爱财，取之有道。

第六章
生老病死，贫富有别

"穷"并不可怕，可怕的是"怕穷"。良好的心态和勤勉的生活态度才是决定人生质量的关键。

贫富

◎ 我是主持人

　　一个不讲道德的社会是没有前途的，一个不创造财富的社会也是没有前途的。"物质上的贫穷并不可怕，可怕的是精神上的贫穷。"但是也应注意，贫穷是相对的，有的大财主腰缠万贯，还喊穷；有的人生活捉襟见肘，十分窘迫，却总是怡然自得。物质上不应总是攀比，要追求精神上的财富。

◎ 原文

　　命之修短有数，人之富贵在天。

　　惟君子安贫，达人知命。

　　贯朽粟陈，称羡财多之谓；紫标黄榜，封记钱库之名。

　　贪爱钱物，谓之钱愚；好置田宅，谓之地癖。

　　守钱虏，讥蓄财而不散；落魄夫，谓失业之无依。

　　贫者地无立锥，富者田连阡陌。

　　室如悬磬，言其甚窘；家无儋石，谓其极贫。

　　无米曰在陈，守死曰待毙。

　　富足曰殷实，命蹇曰数奇。

　　苏涸鲋，乃济人之急；呼庚癸，是乞人之粮。

　　家徒壁立，司马相如之贫；饘粥为炊，秦百里奚之苦。

　　鹄形菜色，皆穷民饥饿之形；炊骨爨骸，谓军中乏粮之惨。

饿死留君臣之义，伯夷叔齐；资财敌王公之富，陶朱猗顿。

石崇杀伎以侑酒，恃富行凶；何曾一食费万钱，奢侈过甚。

二月卖新丝，五月粜新谷，真是剜肉医疮；三年耕而有一年之食，九年耕而有三年之食，庶几遇荒有备。

贫士之肠习藜苋，富人之口厌膏粱。

石崇以蜡代薪，王恺以饴沃釜。

范丹釜中生鱼，破甑生尘；曾子捉襟见肘，纳履决踵。

子路衣敝缊袍，与轻裘立，贫不胜言；韦庄数米而炊，称薪而爨，俭有可鄙。

总之，饱德之士不愿膏粱；闻誉之施奚图文绣。

◎ 注释

修短：长短。

贯：穿钱的绳子。紫标黄榜：梁武帝爱钱，每百万为一堆，挂上黄榜，每千万为一库，挂上紫标。

钱愚：晋代和峤担任太傅，富比王侯，但是吝啬，杜预称他为"钱愚"。地癖：唐李恺善于置办田产，人称地癖。

守钱虏：汉代马援发财后，将其钱财全部分给亲朋好友，说："挣了钱，贵在能施舍予人，否则只是守钱奴罢了。"

立锥：插锥子，形容地方小。阡陌：田间纵横交错的小路。

悬磬：悬着的磬。磬，石制或玉制的乐器，很光滑。悬磬形容很贫穷。儋：同担，古代容量单位，一石是十斗，两石为一担。

在陈：指孔子周游列国，在陈被困之事。楚国派人聘请孔子，孔子前往楚国，经过陈蔡时，有人出兵相阻，孔子不能通过，断粮七天。待毙：等死。

蹇：艰阻，不顺利。数奇：命数单而不偶合，指命运不好。

苏涸鲋：庄周学问很大，但家贫，向监河侯借粮，监河侯说："等秋后我的采邑税金收上来，借给你三百金。好不好？"庄周很生气地说："昨天，在我回这里的路上，有条陷入干涸车辙里的鲋鱼，向我求升斗之水以活命。我说：'等我去引西江水来救你。'鲋鱼说：'如果这样，不如早一点到卖干鱼的市场找我吧。'"比喻处于困境、亟待救援的人或物。鲋，指小鱼。呼庚癸：春秋时，吴国的申叔仪向公孙有山氏借粮，公孙有山氏回答说："细粮没有了，只有粗粮。如能登上首山高呼'庚癸'，就可得到粮食。"庚是西方，主谷物；癸是北方，主水。古时军中以"庚癸"为粮食的隐语。后因以"呼庚癸"表示请求接济粮食。

家徒壁立：汉代司马相如，成都人，路过临邛，爱上了新寡的卓文君，卓文君夜奔相如。两人回到成都，家中全无资财，空有四面墙壁。后形容家中贫穷，一无所有。爨廖为炊：指用门闩烧火做饭。爨廖，门闩。春秋时，秦国大夫百里奚原为虞国大夫，虞亡时被晋所俘虏作为陪嫁之臣送给秦国。后来百里奚又逃亡到楚国，被楚国扣押。秦穆公听说他贤能，用五张黑羊皮把他赎回来。后来一个下人在洗衣服时唱道："百里奚，五羊皮，忆别时，烹伏雌，炊爨廖，今日富贵忘我为。"百里奚询问，原来是自己离散的妻子。

鹄形菜色：鹄，天鹅，面瘦颈长。菜色，因五谷不收，人只吃菜，脸色不好。炊骨爨骸：用死人的骨头做饭。炊、爨，都是指烧火做饭。

伯夷叔齐：商代末年，商的属国孤竹国君的两个儿子伯夷和叔齐，因都不愿继承国君之位而出走。后来武王灭商建立周朝，两个人又以食周粟为耻，隐于首阳山采薇而食，后皆饿死。陶朱：指范蠡，曾积累财产百万，自号陶朱公。猗顿：山东的贫士，听说陶朱公致富，前往请教致富之术，后来猗顿按陶朱公的指点去做，很快致富。

侑酒：劝酒。

剜肉医疮：比喻只顾眼前，不顾日后的困苦。

藜苋：藜藿和苋菜。膏粱：指肥肉和优质米。

以蜡代薪：晋代石崇曾用蜡代替木柴。以饴沃釜：晋代王恺曾用饴糖洗锅。

釜中生鱼，破甑生尘：鱼，指小虫子。东汉时人范丹，家贫，时常断炊，但却不以为意，言笑自若。乡里人作歌谣讥笑他说："甑中生尘范史云，釜中生鱼范莱芜。"釜中生鱼，破甑生尘，表明经常断炊。后形容生活贫困，也比喻官吏清廉自守。捉襟见肘，纳履决踵：相传曾参在卫国时，生活极端贫困，竟至一连几天无法生火烧饭，饿得脸水肿，十年不做衣服，理一下衣襟，臂肘就露出来，穿着没有后跟的鞋。形容衣衫褴褛。引申为顾此失彼，处境困难。

缊袍：用乱麻旧棉做絮的袍，是贫穷的人穿的。轻裘：轻暖珍贵的狐皮袍子。

数米而炊：先数米粒再做饭，形容吝啬。

饱德：心中充满仁德。奚：何必。

◎ 译文

人寿命的长短自有定数，人的富贵全取决于天意。只有君子才能安贫乐道，乐观的人才能了解命运。贯朽、粟陈是称道别人财多的说法。挂一紫标，贴一黄榜是梁武帝封闭钱库、标明钱数的标记。

贪爱钱财叫作钱愚；喜欢置买田宅称为地癖。守钱房是讥讽财富多而又吝啬的人。落魄夫是指贫困失业无所依靠的人。

贫穷的人连块锥尖大小的土地都没有，富人的田地则南北相连非常广阔。室如悬磬是说家中空无一物，生活极为窘迫；家无儋石是说家中连一升一斗的米都没有，指人穷困到了极点。

无米断炊叫作在陈；等死叫待毙。家境富裕钱粮充足称为殷实，命运不佳遇事不顺称作数奇。援助危难中的人称为苏涸鲋，向人借贷钱粮，称

登山高呼庚癸之神。

　　家中只剩下四面墙壁别无他物，司马相如是如此的贫穷。做饭时没有柴草，连门闩也拆了当柴烧，百里奚的生活曾经极为困苦。如黄鹄的面容，青黄的面色，是形容穷人饥饿的模样，交换儿子来当作食物吃，用死人的骨头当柴火烧，这是军中缺粮时的惨状。

　　宁愿饿死也不食周粟，以留君臣大义，千古以来只有伯夷和叔齐二人。陶朱、猗顿善于经营，资产比得上王公贵族之富有。石崇以美女陪酒，客人不饮便将歌妓杀死，这是富豪横蛮的做法。一顿饭吃下来花费万金，实在是过分奢华。

　　二月蚕尚未吐丝就已预先出售，五月稻谷尚未成熟便已出卖，真是剜心头肉医眼前疮；耕种三年的田地，就可以积蓄一年的粮食，耕种九年就可储备三年的粮食，即使遇到灾荒，也可以有备无患。贫寒之人的肠胃习惯了野菜粗食，富贵人家吃腻了肥肉好米。

　　石崇以蜂蜡当柴火烧，王恺用饴糖洗锅，这是多么的奢侈啊！范丹穷困断炊，锅里可以用来养鱼，这样，岂不是很清廉吗？曾子安贫乐道，衣服破损了，提整衣襟就会露出手肘，鞋子破了，露出后脚跟；子路衣衫褴褛，这是穷苦的士子常有的事。韦庄生性吝啬，做饭要数了米粒才下锅，柴薪要称了分量，才拿去烧煮，过分的吝啬是会惹人鄙薄的。

　　总而言之，富于仁义德行的人，不羡慕美味佳肴；名望声誉卓著的人，怎么会去谋求绣花的衣服呢？

◎ 直播课堂

　　同样是身处贫穷，有些人不思进取，止步不前，有些人直面困境，勤勉努力。人生的价值不在于贫穷与富贵，而是取决于面对人生的态度。

疾病死丧

◎ 我是主持人

人总是要死亡的，无论什么人，即便是再有钱、有权的人，吃再好的东西，也必将有生命终结的一天。既然如此，我们应努力提升自己的品德修养，尽可能地将美好的精神财富流传于世。

◎ 原文

福寿康宁，固人之所同欲；死亡疾病，亦人所不能无。

惟智者能调，达人自玉。

问人病曰贵体违和，自谓疾曰偶沾微恙。

罹病者，甚为造化小儿所苦；患病者，岂是实沈台骀为灾。

疾不可疗，曰膏肓；平安无事，曰无恙。

采薪之忧，谦言抱病；河鱼之患，系是腹疾。

可以勿药，喜其病安；厥疾弗瘳，言其病笃。

疟不病君子，病君子正为疟耳；卜所以决疑，既不疑复何卜哉。

谢安梦鸡而疾不起，因太岁之在酉；楚王吞蛭而疾乃痊，因厚德之及人。

将属纩、将易箦，皆言人之将死；作古人、登鬼箓，皆言人之已亡。

亲死则丁忧，居丧则读礼。

在床谓之尸，在棺谓之柩。

报孝书曰讣,慰孝子曰唁。

往吊曰匍匐,庐墓曰倚庐。

寝苫枕块,哀父母之在土;节哀顺变,劝孝子之惜身。

男子死曰寿终正寝,女人死曰寿终内寝。

天子死曰崩,诸侯死曰薨,大夫死曰卒,士人死曰不禄,庶人死曰死,童子死曰殇。

自谦父死曰孤子,母死曰哀子,父母俱死曰孤哀子;自言父死曰失怙,母死曰失恃,父母俱死曰失怙恃。

父死何谓考,考者成也,已成事业也;母死何谓妣,妣者媲也,克媲父美也。

百日内曰泣血,百日外曰稽颡。

期年曰小祥,两期曰大祥。

不缉曰斩衰,缉之曰齐衰,论丧之有轻重;九月为大功,五月为小功,言服之有等伦。

三月之服曰缌麻,三年将满曰禫礼。

孙承祖服,嫡孙杖期;长子已死,嫡孙承重。

死者之器曰明器,待以神明之道;孝子之杖曰哀杖,为扶哀痛之躯。

父之节在外,故杖取乎竹;母之节在内,故杖取乎桐。

以财物助丧家,谓之赙;以车马助丧家,谓之赗;以衣殓死者之身,谓之襚;以玉实死者之口,谓之琀。

送丧曰执绋,出柩曰驾輀。

吉地曰牛眠地,筑坟曰马鬣封。

墓前石人,原名翁仲;柩前功布,今曰铭旌。

挽歌始于田横,墓志创于傅奕。

生坟曰寿藏,死墓曰佳城。

坟曰夜台,圹曰窀穸。

已葬曰瘗玉，致祭曰束刍。

春祭曰禴，夏祭曰禘，秋祭曰尝，冬祭曰烝。

饮杯棬而抱痛，母之口泽如存；读父书以增伤，父之手泽未泯。

子羔悲亲而泣血，子夏哭子而丧明。

王裒哀父之死，门人因废《蓼莪》诗；王修哭母之亡，邻里遂停桑柘社。

树欲静而风不息，子欲养而亲不在，皋鱼增感；与其椎牛而祭墓，不如鸡豚之逮存，曾子兴思。

故为人子者，当思木本水源，须重慎终追远。

◎ 注释

调：调理、调养。玉：珍重、爱护。

违和：不调和。微恙：小毛病。

罹：遭遇。实沈、台骀：传说中的参宿之神、汾水之神，能使人生病。

膏：指心下的部位。肓：指膈上薄膜。膏肓谓病情险恶无法医治。

采薪之忧：《孟子·公孙丑下》："昔者有王命，有采薪之忧，不能造朝。"朱熹集注："采薪之忧，言病不能采薪。"意思是患病不能负薪。河鱼之患：因为鱼腐烂是从内至外，故用河鱼之患指腹泻。

瘳：病愈。病笃：病重。

疟不病君子：晋朝有一小儿的父亲得了疟疾，有人问他："你父亲是有品德的君子，怎么会得疟疾呢？"小儿说："正因为它是让君子患病，所以才叫疟疾。"

谢安梦鸡：晋代谢安梦见乘坐桓温的车子走了十六里，看见一只白鸡就停下来了。不知何意。后来谢安接替桓温任宰相，过了十六年忽然得病，谢安才醒悟："原来十六里意味着十六年，见到白鸡而停止，意味着

酉年，我将一病不起了。"不久果然病死。楚王吞蛭：楚王吃饭时吃出一条水蛭来，想吐掉又怕厨师因此获罪，就勉强吞进去而得病。令尹知道其中的缘由，就对楚王说："大王有这样的德行，此病不会有什么伤害。"后来果然好了。

属纩：将新绵放在临死人的鼻下，检查是否断气。易箦：换下竹席。箓：簿籍。

丁忧：遭遇忧伤，指居丧。读礼：《礼记》载，死者未葬时读葬礼，既葬则读祭礼。

讣：报丧的文书。唁：慰问死者家属。

匍匐：爬行，指前往吊唁。倚庐：古代在父母墓边搭小屋居住以守墓，称为倚庐。

寝苫枕块：古代礼教，子从父母之丧起至入葬期间，不能住寝室，要睡在草席上，以土块为枕。

正寝：正屋。内寝：内室。古代男子将要死时，就移到正屋东首，以候气绝。如果是女子仍然躺在内室。

崩、薨、卒、不禄、死、殇：古代等级森严，不同的人死有不同说法。

孤子、哀子、孤哀子：分别为父丧、母丧、父母皆丧者的自称。怙、恃：都是依赖的意思。

考：称已经死去的父亲。妣：称已死去的母亲。克媲父美：可以和父亲媲美。

泣血：极其悲痛而无声的哭泣。稽颡：叩头。

小祥：父母死后周年的祭礼称小祥。大祥：父母死后两周年的祭礼叫大祥。

衰：古代丧服，用粗麻布制成。丧服有五种，即斩衰、齐衰、大功、小功、缌麻，按与死者的不同关系穿用。穿的时间也有长短，大功要穿九个月，小功要穿五个月，缌麻要穿三个月。斩衰：不缝边的丧服。齐衰：缝边的丧服。

缌麻：丧服名，用细麻布制成。禫礼：指除去丧服的祭礼。

杖期：旧时服丧礼制，祖父母死了，嫡孙要服一年丧，手中拿着丧杖，称为杖期。承重：长子死了，由嫡孙代替服丧，称为承重孙，即承担重任的意思。

明器：陪葬的器物。

古代按照男主外，女主内的礼制，居父丧时，用粗糙的竹杖，居母丧时用桐木杖。

赙：以财物助人办丧事。赗：助葬用的车马。襚：给死者赠送衣被。琀：通"晗"。含在死者口中的珠、玉、贝的通称。

绋：指引棺材入墓穴的绳子，送葬时帮助牵引灵柩。辒：丧车。

牛眠地：晋陶侃遭父丧未葬，家中老牛也忽然不见了。有一老者告诉他："前岗有一条牛睡在泥污中，以该地为葬地，将来必位极人臣。"马鬣封：坟墓上封土的一种形状。

翁仲：传说秦代阮翁仲身高异于常人，始皇命他出征匈奴，死后铸铜像立于咸阳宫外。铭旌：竖在柩前以表明死者官职、姓名的旗幡。

挽歌：送葬时挽柩者所唱的哀歌。

寿藏：给活人修的坟。

夜台：指墓中昏暗如夜。窀穸：墓穴。

瘗玉：死者已埋葬叫瘗玉。束刍：将青草捆成束放在灵前。《后汉书·徐稚传》云："生刍一束，其人如玉。"

禴、禘、尝、烝：古代宗庙四时的祭名。

饮杯棬而抱痛，母之口泽如存：用母亲用过的杯子而心中悲痛，母亲口中的气息像还存在一样。棬，曲木制成的饮器。

王裒：晋代人王裒一读到怀念父母的《蓼莪》诗就悲痛欲绝，他的学

生因此不再读这首诗。停桑柘社：魏朝王修的母亲因为在社日那天去世，次年社日，邻里因为王修极为悲痛，就停止了社日活动。

皋鱼：齐国人，曾对孔子说："树欲静而风不止，子欲养而亲不在。"后来痛哭而死。与其椎牛而祭墓：曾子曾说："与其杀牛去祭祀，不如在亲人活着的时候用鸡猪好好供养。"

◎ 译文

福寿康宁是人人所期望的，死亡疾病也是人们所不可避免的。

只有聪明的人才会调养自己，通情达理的人才会珍爱自己。询问别人的病情，说是"贵体违和"；自己有病自谦为"偶沾微恙"。

遭疾病困扰就说生病的人深受造化小儿的折磨；患了疾病说难道是实沈、台骀作怪？病已经很严重了，叫作"病入膏肓"，表示不会好了。安慰人不必吃药了，平安无事称为"无恙"。

患病卧床，说是有不能采薪的忧虑；"河鱼之患"是指得了腹泻。

可以不用吃药，为病将痊愈而高兴，疾病不容易好就说病得很重。传说疟疾不敢侵犯君子，既然君子得了疟疾，那就是它在作"疟"；占卜是为了解决疑惑的事，既然没有疑问又何必占卜呢？

谢安病中，梦行路十六里遇鸡而停止，悟到自己鸡年将会重病不起；楚惠王待人有厚德，虽然吞吃了蛭而生病，但不久便痊愈了。

"将属纩""将易箦"都是人将死亡的意思。"作古人"和"登鬼箓"都是指人已经死亡了。

父母亲去世称为"丁忧"，居丧时应当读礼。人死后停于灵床称为"尸"，已盛入棺材叫作"柩"。到亲友家去报丧叫作"讣"，到丧家去安慰孝子叫作"唁"。去丧家吊唁叫作"匍匐"，建在墓旁守墓的屋子称为"倚庐"。

"寝苫枕块"是说孝子在灵堂旁睡草席、枕土块，以哀悼父母。"节哀顺变"是吊唁者劝慰丧家节制哀思、顺应变故、爱惜身体。

古时男子将死就把他停卧在正屋,死后称为"寿终正寝";女子将死则安置在内室,死后称为"寿终内寝"。

天子死叫"崩",诸侯死叫"薨",大夫死叫"卒",士人死叫"不禄",百姓死叫"死",未成年人死叫"殇",不同身份的人去世,自然有不同的称呼。

父亲死了自己谦称"孤子",母亲死了自谦为"哀子",父母俱亡自称为"孤哀子";自言父亲去世说"失怙",母亲去世说"失恃",父母皆不在则说"失怙恃"。

称呼已去世的父亲为"考",因为"考"有"成就"的意思,取父亲创业有成之义;称呼已去世的母亲为"妣",因为"妣"通"媲",是说母亲能媲美父亲的德行事业。

父母去世后百日之内的哭泣叫"泣血",百日之外居丧者答谢宾客的跪拜礼节称"稽颡"。父母去世的周年祭礼叫作"小祥",两周年的祭礼称为"大祥"。

用粗麻布做孝服且不缝边的谓之"斩衰",用粗麻布做孝服且缝边的叫作"齐衰",这是表示丧礼有轻重的等级。

服丧九个月所穿的丧服叫"大功",五个月的丧服叫"小功",亲疏不同所穿丧服及丧期也有不同。

穿用细麻布做的丧服服期三个月叫"缌麻";服丧满三年要举行除丧服的礼节叫"禫礼"。

孙子为祖父母服丧,嫡孙执杖,服一年期;长子已死,嫡长孙要承受丧祭和宗庙的重任,服丧三年。

死者随葬的器物叫作"明器",因为要用对待神明的办法来对待死人;孝子所执之杖称为"哀杖",为的是要扶持因丧亲而哀痛衰弱的身体。

父亲的节操在外,所以父死哀杖用竹子制作;母亲的节操在内,所以

母亲死哀杖用桐木制作。

送财物给丧家叫作"赙"，以车马帮助丧家办丧事称为"赗"。将衣服送给死者谓之"禭"；放在死者口中的玉叫作"琀"。

送葬时牵引灵柩叫"执绋"；出柩叫作"驾輀"。吉祥的葬地名为"牛眠地"；封土筑成的坟墓叫作"马鬣封"。

坟前所立的石像原名为"翁仲"；丧葬时灵柩前竖的旗幡叫作"铭旌"。

"挽歌"是对死人的哀悼，始于汉初田横之去世。坟前的墓志记载死者的生平事略，由唐代傅奕始创。

生前预建的坟墓叫作"寿藏"；死后才挖的坟墓叫作"佳城"。坟墓又称"夜台"，墓穴又名"窀穸"。

死者已埋葬叫瘗玉，到坟前祭奠叫束刍。天子诸侯宗庙之祭，四时名称不同，春祭名"禴"、夏祭称"禘"、秋祭叫"尝"、冬祭谓"烝"。

拿着母亲的杯子喝水时不禁悲从中来，因为母亲的气息还留在杯子上；读父亲遗留下的书籍更增添忧伤，因为书中满是父亲的墨迹手印。

子羔悲悼逝去的双亲而泣血，子夏痛失爱子而哭瞎了眼睛。

王裒父亲死后，每当他读到《蓼莪》诗中的句子时，都要痛哭流涕，学生们不忍便不再去读这一首诗。王修母亲死于社日，次年社日王修思母极为悲哀，邻里为之凄然便停止了这个祭祀。

树想静止而风并不停息，儿子想奉养父母而双亲则已谢世，皋鱼为此悲伤不已；与其父母死后杀牛到坟前祭奠，不如当他们健在时以鸡猪之肉尽心奉养，这是曾子读丧礼时的感想。

所以为人子女的，应当想到木有本，水有源，不要忘记父母对自己有养育之恩；必须慎重地按照礼仪办理父母的丧事，虔诚恭敬地祭祀自己的祖先。

◎ 直播课堂

人生的价值不以人生的长短来衡量，人固有一死，但精神财富却能长久流传。

制作

◎ 我是主持人

文字是人类用来记录语言的符号系统。一般认为，文字是文明社会产生的标志。文字在发展早期都是图画形式的表意文字（象形文字），发展到后期，除汉字外，都成为记录语音的表音文字。我国的文字（象形文字）大体经历了结绳记事、河图、洛书、伏羲文王画八卦、甲骨文、金文、钟鼎文、大篆、小篆、隶书、行书、草书、楷书等发展阶段。本篇从文字的起源，一直讲到流芳百世的典籍。

◎ 原文

上古结绳记事，仓颉制字代绳。

龙马负图，伏羲因画八卦；洛龟呈瑞，大禹因列九畴。

历日是神农所为，甲子乃大挠所作。

算数作于隶首，律吕造自伶伦。

甲胄舟车，系轩辕之创造；权量衡度，亦轩辕之立规。

伏羲氏造网罟，教佃渔以赡民用；唐太宗造册籍，编里甲以税田粮。

兴贸易，制耒耜，皆由炎帝；造琴瑟，教嫁娶，乃是伏羲。

冠冕衣裳，至黄帝而始备；桑麻蚕织，自元妃而始兴。

神农尝百草，医药有方；后稷播百谷，粒食攸赖。

燧人氏钻木取火，烹饪初兴；有巢氏构木为巢，宫室始创。

夏禹欲通神祇，因铸镛钟于郊庙；汉明尊崇佛教，始立寺观于中朝。

周公作指南车，罗盘是其遗制；钱乐作浑天仪，历家始有所宗。

阿育王得疾，因造无量宝塔；秦始皇防胡，特筑万里长城。

叔孙通制立朝仪，魏曹丕秩序官品。

周公独制礼乐，萧何造立律条。

尧帝作围棋，以教丹朱；武王作象棋，以象战斗。

文章取士，兴于赵宋；应制以诗，起于李唐。

梨园子弟，乃唐明皇作始；《资治通鉴》，乃司马光所编。

笔乃蒙恬所造，纸乃蔡伦所为。

凡今人之利用，皆古圣之前民。

◎ 注释

仓颉：传说中黄帝的史官，创制了文字。

龙马负图，伏羲因画八卦：传说龙马背着图在黄河中出现，背上有五十五个阴阳点，伏羲氏因此画出八卦。洛龟呈瑞：相传大禹治水时，有神龟负文出现在洛河上。

神农：传说中古代帝王名。甲子：指用十天干、十二地支计时的方法，传说是黄帝的大臣大挠创制。

隶首、伶伦：传说都是黄帝手下的大臣。律吕：音乐术语。"六律""六吕"的合称，即十二律。

权量衡度：权，秤锤。量，计量物体多少的容器。度，计量长短的标准。衡，秤杆。轩辕：即黄帝。

罟：网的总称。教佃渔以赡民用：教人狩猎、捕鱼来供百姓食用。册籍：指户籍和田亩册。里甲：州县的基层组织。

耒耜：指农具。

冠冕衣裳：帽子衣服。元妃：黄帝的妃子。

攸赖：所依赖。

镛钟：大钟。立寺观于中朝：在中国设立寺庙。

钱乐作浑天仪：浑天仪，我国古代观测天体位置的仪器，为东汉张衡所造，宋元嘉中召钱乐更铸。

无量宝塔：古印度阿育王，传说他得病后，搜罗佛舍利，分诸鬼神在一天一夜造成八万四千座宝塔。佛家称阿育王所建佛塔为无量塔。胡：指匈奴。

叔孙通制立朝仪：汉高祖废去秦朝繁苛的仪法，结果群臣饮酒争功，拔剑喧哗，不成体统。叔孙通向高祖自荐，杂用古礼与秦仪制定朝仪，凡朝会不遵守礼仪的都叫他出去。从此再也没有喧哗失礼的人。秩序官品：九品中正制。

萧何：汉初名相。律条：律例科条，即法令。

丹朱：尧的儿子，因为荒淫无度，尧便制作围棋以陶冶他的性情。

文章取士：宋神宗从王安石之议，更改科举法，罢诗赋、帖经、墨义，专以经义策论试士。应制以诗：奉皇帝之命作诗。

梨园子弟：唐明皇选乐工、宫女数百人，在梨园亲自教他们乐曲，故称梨园子弟。

前民：开创的前人。

◎ 译文

上古的时候，当时的人们在绳子上打各种绳结，以记载事件。到黄帝时史官仓颉才创造出文字，这时候才开始有了文字的记载。伏羲时有龙马背负太极图自黄河中浮出来，伏羲依据图上的阴阳点画成八卦；大禹治平

洪水，洛水中出现了神龟，是吉祥的征兆，大禹按照龟背上的文字，列出洪水范九畴。

历法节气是神农所创。大挠以十天干配上十二地支，造为甲子。算书由隶首所作，音乐律吕是伶伦所造。

甲胄舟车创始于黄帝；权量衡度也是由黄帝首立规模。伏羲氏造了纲罟，教导民众打猎捕鱼；少昊氏作成弧矢，是用它来攻战征伐，制出耒耜来做农器，兴起陶冶来做器皿，都是炎帝创始的；造出琴瑟来调五音，变革婚姻习俗，倡导男聘女嫁，就是伏羲创始的。

冠冕衣裳创自虞舜，至黄帝时才趋完备；采桑养蚕是黄帝元妃嫘祖所发明。神农尝百草，察其药性辨其配伍，始有医药医方；后稷教民众种五谷，粮食依靠此而来。

燧人氏钻木取火，烹饪的方法自此开始，有了有巢氏的构木为巢，宫室的制度从此创立。夏禹想与天地神灵沟通，因而铸镛钟置放于郊庙中，共铸了九鼎象征九州的情形。汉明帝尊崇佛教，派人去印度求佛经，在中国大兴土木兴建佛寺。

周公发明了指南车，地理师使用的罗盘是其遗制。钱乐铸浑天仪，以此察看天象，历法才有了依据。阿育王因得病，搜罗佛舍利，在一天一夜造成了无量塔。秦始皇为了防止胡人入侵，特意修筑了万里长城。

周公开始制礼作乐，萧何制立千载通行的律令。汉朝初建叔孙通制定朝仪，定出百官朝见的礼仪；魏曹丕定九品中正法，确定了选拔才士任官的等次。围棋和象棋用途各有不同，围棋可使人收束身心，象棋象征两军对垒进退攻守以演习作战。

用文章策论取士始于宋神宗，是宋朝的成规；用诗赋选人才是唐朝的盛典。唐明皇精通音律，选宫女乐士在梨园教授，梨园遂成为艺人的别称；《资治通鉴》由司马光所编纂。

毛笔由蒙恬所造，纸系蔡伦所制，这些都是文房中的贵品。大凡当今人们所用之物，都是古圣先贤所开创，留传下来给百姓使用的。

◎ 直播课堂

　　古人留下的各种文化、技术至今也在影响着我们的日常生活。从结绳记事到仓颉造字，从历法记年到器物制造，从钻木取火到礼乐流传，无不凝结着古人的智慧。

第七章
释道同源，花鸟鱼虫

中华文化以儒家、道家、佛教为主流思想，对于孝道最为崇尚。自舜以大孝的资格，得到尧的禅让而成为天子后，孝道便受到人们的重视，以至提出"以孝治天下"的政治主张。

技艺

◎ 我是主持人

本篇从开头就讲了医术等技艺。每一门技艺都烙着民族的印记。

◎ 原文

医士业岐轩之术，称曰国手；地师习青乌之书，号曰堪舆。

卢医扁鹊，古之名医；郑虔崔白，古之名画。

晋郭璞得《青囊经》，故善卜筮地理；孙思邈得龙宫方，能医虎口龙鳞。

善卜者，是君平、詹尹之流；善相者，即唐举、子卿之亚。

推命之人曰星士，绘画之士曰丹青。

大风鉴，相士之称；大工师，木匠之誉。

若王良、若造父，皆善御之人；东方朔、淳于髡，系滑稽之辈。

称善卜卦者，曰今之鬼谷；称善记怪者，曰古之董狐。

称诹日之人曰太史，称书算之人曰掌文。

掷骰者，喝雉呼卢；善射者，穿杨贯虱。

樗蒲之戏，乃云双陆；橘中之乐，是说象棋。

陈平作傀儡，解汉高白登之围；孔明造木牛，辅刘备运粮之计。

公输子削木鸢，飞天至三日而不下；张僧繇画壁龙，点睛则雷电而飞腾。

然奇技似无益于人，而百艺则有济于用。

◎ 注释

岐轩之术：中医学。岐轩，岐伯与轩辕的合称。岐伯为传说中的古代名医，相传曾与轩辕讨论医术并作成《内经》，所以后世称医药学和医术为"岐轩之术"。(《称谓录·医》引《帝王世纪》) 国手：国家中艺能出众的人。地师：风水先生，即相地看风水的先生。青乌之书：相传汉代有青乌子精堪舆之术，著《相冢书》，后人奉以为祖。《抱朴子·极言》："相地理则书青乌之说。"因此，后来人们称相地术为"青乌术"。堪舆：堪为高处，舆为低地。堪舆即"风水"，迷信的一种，指住宅基地或坟地的形式，也指相宅、相墓之法。认为风水和人的祸福有关。

郑虔：唐代画家，字弱斋，郑州荥阳（今属河南）人，与李白、杜甫为诗酒朋友，爱弹琴，善书画。崔白：北宋画家，字子西，濠梁人（今安徽凤阳东），擅画花竹、禽鸟，尤工秋荷凫雁，也画人物、佛道、鬼神、走兽、山林。

郭璞：东晋文学家，训诂学家，字景纯，河东闻喜（今属山西）人。好古文奇字，喜阴阳卜筮之术。《青囊经》：有关天文卜筮的书，原题《九天玄女青囊海角经》，传为郭璞序。孙思邈：唐代医学家，京兆华原人（今陕西耀县），著有《千金要方》《千金翼方》。段成式《酉阳杂俎》记载孙思邈曾经为虎拔去口中金钗，为龙点鳞医病。

君平：严君平，名遵（尊），蜀（今四川成都）人。西汉隐士。以占卜为业，一生不愿做官，为当时著名的文学家扬雄所敬仰。詹尹：郑詹尹，战国时为楚国的卜筮官之长（太卜）。唐举：也作唐莒，战国时梁人，擅长相术。子卿：春秋时赵国相士，姓姑布，字子卿。传为孔子看过相。亚：辈。

星士：给人占卜算命的人。丹青：中国古代的绘画经常用朱红、青色，所以称"丹青"，有时候也泛指绘画艺术。民间则称画工是"丹青师傅"。

大风鉴：意为迅速而明确。工师：官名，主要掌管百工和官营手工业，后世则用它称木匠。

王良：战国时人，赵简子让王良驾车。造父：周穆王时人。因善御而被宠幸。东方朔：汉武帝时文学家，平原厌次（今山东陵县）人，一生有很大抱负，但终未为武帝重用。淳于髡：战国时齐国人，滑稽，博学，善辩。

鬼谷：鬼谷子。传为战国时楚人，隐于鬼谷，所以号鬼谷子或鬼谷先生，长于养性持身和纵横捭阖之术，著《鬼谷子》一卷。董狐：春秋时晋国史官。

诹：咨询，询问。诹日：选择黄道吉日。掌文：古代官名，掌管文书记载。

喝雉呼卢：也作"呼卢喝雉"。旧时赌场上赌徒兴奋的丑态。雉、卢：红点、黑点。古代用五种木头做成骰子，称为枭、卢、雉、犊、塞。穿杨：《战国策·西周策》里楚国养由基的事情。在百步之外射穿选定的某一片杨柳的叶子，以此形容射箭技术很高明。贯虱：《列子·汤问》中纪昌学射之事。箭能从虱心穿过，形容其射技十分高明。

樗蒲：古代的博戏。起于汉魏，盛于晋。以掷骰决定胜负，看掷得的骰色而定。双陆：又称"双六"。古代的博戏，局如棋盘，左右各有六路。子称"马"，黑白各十五枚。两人游戏，骰子掷采行马，白马从右到左，黑马反之，先走完者胜。大概始于西竺，在曹魏时期流行。橘中之乐：相传古时巴邛有一户人家的橘园，秋后结了两个比斗还大的橘子。剖开后，里面竟然有两位老人在下象棋，谈笑自若。其中一老人还说："橘中之乐不减商山。"（唐牛僧孺《玄怪录·巴邛人》）后遂称象棋游戏为"橘中戏"。原文是"围棋",现在改为"象棋"。

陈平:汉初阳武(今河南原阳东南)人。初投靠魏王咎,为太仆。后跟随项羽入关,任都尉。再后来投靠刘邦,担任护军中尉。汉朝建立,被封为曲逆侯。相传曾为刘邦六出奇计。汉七年汉高祖伐韩王信于代,至平城白登山,为匈奴冒顿所围,七天七夜。其中冒顿妻阏氏兵在一侧,陈平查之阏氏性妒,于是作木偶美人,舞于城上,阏氏望见,以为是真人,害怕攻破城后,冒顿会纳其为妾,于是退军,白登之围旋即被解。孔明:诸葛亮,字孔明,三国时期蜀汉杰出的政治家、军事家。传说诸葛亮六出祁山伐魏,作木牛流马运粮。(《三国志·蜀书·诸葛亮传》)《事物纪原》卷八:"木牛即今小车之前有前辕者;流马即今独推者是,而民间谓之江州车子。"

公输子:古代著名工匠,又称鲁班,姓公输,名般,春秋时鲁国人。传说他曾经用木头制成像鸟的飞行器,即木鸢,用来窥视宋城,在天上能飞三日而不掉下来。张僧繇:南朝梁画家,吴郡(今江苏苏州)人。传说他特别擅长画龙,他曾在金陵安乐寺墙上画龙,画了四条栩栩如生的龙,但都没有点眼睛。众人怂恿他点上龙眼,他刚刚点了两条龙的眼睛,顿时闪电四起,两条龙腾空而去。(唐张彦远《历代名画记》卷七)

奇技似无益于人:《庄子·列御寇》:"朱泙漫学屠龙于支离益,单千金之家,三年技成而无所用其巧。"朱泙漫、支离益都是虚设的人物。济:有益,有利。

◎ 译文

中医善用岐黄之术,医师以行医为职业,又称为国手。风水先生研习青乌子所写宅相、墓相的书,专门为人看风水,风水又称为堪舆。卢医、扁鹊是古代的名医;郑虔、崔白都是古时的名画家。

晋代郭璞得到《青囊经》,所以精于天文卜筮;唐代孙思邈得到龙宫药方，能够医好有病的龙和被骨头梗住咽喉的老虎。善于卜卦的人都可以将其比作君平、詹尹；善于相术的便是唐举、子卿之辈。

按照星相推算命运吉凶的人叫作星士；绘画称为丹青。大风鉴是相士的别名；大工师是木匠的美称。

王良、造父都是古代善于驾车的人，东方朔、淳于髡皆是能言善辩的滑稽之辈。称赞善于卜卦的人，说他是世间的鬼谷，赞美善记怪异之事者，说他是鬼中的董狐。

称选吉日的人为太史；书写计算的人叫作掌文。善于掷骰子赌博的称作喝雉呼卢；善于射箭者能百步穿杨，射中虱心。

樗蒲这种博戏与后世的双陆有相似之处；橘中之乐是指曾有两位老人在橘中谈笑对弈象棋。陈平曾经造了一个木偶美人，利用匈奴阏氏的妒心，化解了汉高祖白登之围。诸葛亮造了木牛流马，帮助刘备运送军粮。

公输般削竹木为鸢，飞上天空三日还没有落下。张僧繇在安乐寺壁上画龙，点了龙睛后，雷电交加龙便飞腾而去。虽然过于奇巧的技艺，对世人并没有好处，日常所需的各种工艺技能，则可供人利用而有所助益。

◎ 直播课堂

中华民族历来重视技艺的开发与传承。新石器时代的彩陶工艺、商周时期的青铜工艺、春秋战国时期的漆器工艺，都是随着时代不断地继承与发展的。春秋战国时期成书的《考工记》，就记录了许多实用品的工艺制作方法和设计原则及评价标准。传统的手工技艺是人类文化的基本内容之一，体现了中华民族传统的科学技术观念、传统的价值观念和审美观念。

鸟兽

◎ 我是主持人

本篇讲述了各种奇异的鸟兽，我们从中开阔了视野，学到了很多关于鸟兽的知识。

◎ 原文

麟为毛虫之长，虎乃兽中之王。

麟凤龟龙，谓之四灵；犬豕与鸡，谓之三物。

骅骝，良马之号；太牢、大武，乃牛之称。

羊曰柔毛，又曰长髯主簿；豕名刚鬣，又曰乌喙将军。

鹅名舒雁，鸭号家凫。鸡有五德，故称之曰德禽；雁性随阳，因名之曰阳鸟。

家狸、乌圆，乃猫之誉；韩卢、楚犷，皆犬之名。

麒麟驺虞，皆好仁之兽；螟螣蟊贼，皆害苗之虫。

无肠公子，螃蟹之名；绿衣使者，鹦鹉之号。

狐假虎威，谓借势而为恶；养虎贻害，谓留祸之在身。

犹豫多疑，喻人之不决；狼狈相倚，比人之颠连。

胜负未分，不知鹿死谁手；基业易主，正如燕入他家。

燕到南方，先至为主，后至为宾；雉名陈宝，得雄为王，得雌为霸。

刻鹄类鹜，为学初成；画虎类犬，弄巧反拙。

美恶不称，谓之狗尾续貂；贪图不足，谓之蛇欲吞象。

祸去祸又至，曰前门拒虎，后门进狼；除凶不畏凶，曰不入虎穴，焉得虎子。

鄙众趋利，曰群蚁附膻；谦己爱儿，曰老牛舐犊。

无中生有，曰画蛇添足；进退两难，曰羝羊触藩。

杯中蛇影，自起猜疑；塞翁失马，难分祸福。

龙驹凤雏，晋闵鸿夸吴中陆士龙之异；伏龙凤雏，司马徽称孔明庞士元之奇。

吕后断戚夫人手足，号曰人彘；胡人腌契丹王尸骸，谓之帝羓。

人之狠恶，同于梼杌；人之凶暴，类如穷奇。

王猛见桓温，扪虱而谈当世之务；宁戚遇齐桓，扣角而取卿相之荣。

楚王轼怒蛙，以昆虫之敢死；丙吉问牛喘，恐阴阳之失时。

以十人而制千虎，比言事之艰胜；驰韩卢而搏蹇兔，喻言敌之易摧。

兄弟如鹡鸰之相亲，夫妇如鸾凤之配偶。

有势莫能为，曰虽鞭之长，不及马腹；制小不用大，曰割鸡之小，焉用牛刀。

鸟食母者曰枭，兽食父者曰獍。苛政猛于虎，壮士气如虹。

腰缠十万贯，骑鹤上扬州，谓仙人而兼富贵；盲人骑瞎马，夜半临深池，是险语之逼人闻。

黔驴之技，技止此耳；鼫鼠之技，技亦穷乎。

强兼并者曰鲸吞，为小贼者曰狗盗。

养恶人如养虎，当饱其肉，不饱则噬；养恶人如养鹰，饥之则附，饱之则飏。

隋珠弹雀，谓得少而失多；投鼠忌器，恐因甲而害乙。

事多曰猬集，利小曰蝇头。心惑似狐疑，人喜如雀跃。

爱屋及乌，谓因此而惜彼；轻鸡爱鹜，谓舍此而图他。

唆恶为非，曰教猱升木；受恩不报，曰得鱼忘筌。

倚势害人，真似城狐社鼠；空存无用，何殊陶犬瓦鸡。

势弱难敌，谓之螳臂当辕；人生易死，乃曰蜉蝣在世。

小难制大，如越鸡难伏鹄卵；贱反轻贵，似鸒鸠反笑大鹏。

小人不知君子之心，曰燕雀焉知鸿鹄志；君子不受小人之侮，曰虎豹岂受犬羊欺。

跖犬吠尧，吠非其主；鸠居鹊巢，安享其成。

缘木求鱼，极言难得；按图索骥，甚言失真。

恶人借势，曰如虎负嵎；穷人无归，曰如鱼失水。

九尾狐，讥陈彭年素性诡而又奸；独眼龙，夸李克用一目眇而有勇。

指鹿为马，秦赵高之欺主；叱石成羊，黄初平之得仙。

卞庄勇能擒双虎，高骈一矢贯双雕。

司马懿畏蜀如虎，诸葛亮辅汉如龙。

鹪鹩巢林，不过一枝；鼹鼠饮河，不过满腹。

弃人甚易，曰孤雏腐鼠；文名共仰，曰起凤腾蛟。

为公乎，为私乎，惠帝问虾蟆；欲左左，欲右右，汤德及禽兽。

鱼游于釜中，虽生不久；燕巢于幕上，栖身不安。

妄自称奇，谓之辽东豕；其见甚小，譬如井底蛙。

父恶子贤，谓是犁牛之子；父谦子拙，谓是豚犬之儿。

出人群而独异，如鹤立鸡群；非配偶以相从，如雉求牡匹。

天上石麟，夸小儿之迈众；人中骐骥，比君子之超凡。

怡堂燕雀，不知后灾；瓮里醯鸡，安有广见。

马牛襟裾，骂人不识礼义；沐猴而冠，笑人见不恢宏。

羊质虎皮，讥其有文无实；守株待兔，言其守拙无能。

恶人如虎生翼，势必择人而食；志士如鹰在笼，自是凌霄有志。

鲋鱼困涸辙，难待西江水，比人之甚窘；蛟龙得云雨，终非池中物，比人大有为。

执牛耳，谓人主盟；附骥尾，望人引带。

鸿雁哀鸣，比小民之失所；狡兔三窟，诮贪人之巧营。

风马牛势不相及，常山蛇首尾相应。

百足之虫，死而不僵，以其扶之者众；千岁之龟，死而留甲，因其卜之则灵。

大丈夫宁为鸡口，毋为牛后；士君子岂甘雌伏，定要雄飞。

毋局促如辕下驹，毋委靡如牛马走。

猩猩能言，不离走兽；鹦鹉能言，不离飞鸟。

人惟有礼，庶可免相鼠之刺；若徒能言，夫何异禽兽之心。

◎ 注释

麟：麒麟，传说中的动物，雄为麒，雌为麟。毛虫：长毛的动物。

四灵：古人认为有灵性的四种神兽。《礼记·礼运》："何谓四灵？麟、凤、龟、龙。"豕：猪。三物：古人结盟、立誓时，把动物的血滴入酒中，饮酒盟誓，君王用猪血，大臣用狗血，百姓用鸡血。

骅骝：古代良马的名字，周穆王的八俊之一。也作"耳""绿耳"，应当是绿色的马。骅骝也作"枣骝"，应当是赤色的马。太牢：牛的别称。大武：指牛，祭祀时对牛的称呼。

柔毛：指羊。《礼记·曲礼下》："凡祭宗庙之礼……羊曰柔毛。"孔颖达疏："若羊肥则毛细而柔弱，故云柔毛，言肥泽也。"刚鬣、乌喙将军：猪的另一称呼。猪贪食，所以称猪为乌喙将军。鬣，脖子上长而密的毛。喙，鸟兽的嘴。

舒雁：鹅的另一种称呼。《尔雅·释鸟》："舒雁，鹅。"因为鹅的形状像雁，但又徐行不飞，所以称舒雁。家凫：凫，野鸭。家凫即鸭子。德禽：鸡。古时候说鸡有五德，所以称德禽。《韩诗外传》记载，鸡头上戴冠者是文也，步子迈得大者为武，敢斗者则勇，看见食物相互招呼为仁，守夜没有差失是信。阳鸟：雁的别名。

狸：野猫。韩卢、楚犷：古代良犬的名字。《广雅》："犬之良者，犹宋国之鹊、韩国之卢、楚国之犷、晋国之獒。"

麒麟：仁兽，雄为麒，雌为麟。驺虞：义兽名，传说只吃死动物，也不吃生草，所以称它性仁。螟螣蟊贼：吃庄稼的四种害虫。

无肠公子：螃蟹的别名。《抱朴子·登涉》："称无肠公子者，蟹也。"绿衣使者：相传唐玄宗曾将报告杀人凶手的鹦鹉封为绿衣使者。

狐假虎威：古寓言，老虎捉到一只狐狸，要吃它。狐狸说："上天要我做百兽的王，你不可以吃掉我。如果你不信，我走在前面，你跟在我后面，看百兽见了我有没有不逃跑的？"老虎信以为真，就跟着狐狸走，结果百兽看见老虎在狐狸后面都逃跑了。老虎不知自己中计了，还以为百兽是害怕狐狸而逃跑的。后来用"狐假虎威"比喻依仗他人的势力来欺压别人。养虎贻害：也作"养虎遗患"。《史记·项羽本纪》载，楚汉两方相约以鸿沟为界停战，停战后，项羽引兵东去，而张良、陈平建议刘邦乘机攻打项羽，说汉朝已拥有天下大半，楚兵正处在饥饿疲惫的时候，这个时候是消灭他们的最好时机。如果让他们回去，"此所谓养虎自遗患也"。后来多用于比喻纵容敌人，自留后患。

犹豫：犹，一种动物，性多疑。《集韵》："犹，一曰似麂，居山中，闻人声豫登木，无人乃下，世谓不决曰犹豫。"狼狈：相传狼和狈是同类野兽，狼前二足长，狈后二足长，必须互相依靠才能行动，如果狼离开狈，或狈离开狼，那么就进退不便。后来用狼狈比喻互相勾结干坏事。

鹿死谁手：不知道谁取得最后的胜利。《晋书》载："人岂不自知，卿言亦已太过，朕若逢高皇，当北面而事之，与韩、彭竞鞭而争先耳；脱遇光武，当并驱于中原，未知鹿死谁手！"鹿就是猎取的对象，原来比喻政权，后来也比喻争逐的对象。燕入他家：刘禹锡《乌衣巷》："旧时王谢堂前燕，飞入寻常百姓家。"东晋王导、谢安等豪门贵族曾经住在乌衣巷，但是诗人写这首诗时，王、谢大族已经没落。而燕子却不管它的故宅换主，仍旧寻巢。

燕到南方：相传中秋节以前先飞到南方的大雁是主人，而中秋节以后到达的小雁则是客人。雉名陈宝：神的名字。干宝《搜神记》记载，秦穆公时，陈仓人捉住一怪兽，有二童子在路边，童子说："它的名字叫媪，常在地下食死人的脑子。想要杀它，用柏树击打它的头。"怪兽说："那两个童子叫陈宝，得到雄的可以称王，得到雌的可以称霸诸侯。"陈仓人舍弃媪而逐两童子。两童子马上变成野鸡飞走了。雉，野鸡。

刻鹄类鹜：《后汉书·马援传》载马援《诫兄子颜敦书》："龙伯高敦厚周慎，口无择言，谦约节俭，廉公有威，吾爱之重之，愿汝曹效之……效伯高不得，犹为谨敕之士，所谓刻鹄不成尚类鹜者也。"鹄，天鹅。鹜，野鸭。后来用它比喻模拟相类似的人或事物，但不能逼真还可得其近似。因此说初学有成。画虎类犬：马援《诫兄子颜敦书》："杜季良豪侠好义，忧人之忧，乐人之乐……吾爱之重之，不愿汝曹效也……效季良不得，陷为天下轻薄子，所谓画虎不成反类狗者也。"因为"狗"在古代也作"犬"，"画虎不成反类狗"常被写成"画虎类犬"，后来比喻好高骛远，一无所成，反贻笑柄。

狗尾续貂：貂，一种皮毛极为珍贵的动物，古代皇帝的侍从用貂尾做帽子的装饰。《晋书·赵王伦传》载，晋代赵王伦篡位后，大封其党羽，"奴卒厮役，亦加以爵位。每朝会，貂蝉盈座，时人为之谚曰：'貂不足，狗尾续。'"本意讽刺滥封官爵，后来用"狗尾续貂"比喻拿不好的续在好的东西后面，前后不相称。蛇欲吞象：《山海经》："巴蛇食象，三岁而出其骨。"后来用"蛇吞象"比喻贪得无厌。

前门拒虎，后门进狼：比喻消除一个祸患又招来另一个祸患。后汉和帝时，外戚窦氏专权，和帝与宦官共谋诛杀窦氏，但是又过分亲信太监，又导致宦官专权。不入虎穴，焉得虎子：比喻不经历艰苦的实践，就不能取得巨大的成就。也比喻不冒危险不能成事。

群蚁附膻：比喻追逐名利，竞相驱往。卢坦《与李渤书》："今之人奔尺寸之禄，趋丝毫之利，如群蚁之附腥膻，众蛾之赴爝火，取不为丑，贪不避死。"膻，指羊臊气。老牛舐犊：老牛舔小牛，比喻爱子情深。舐，以舌舔物。

画蛇添足：楚国有个专管祭祀的官员，赐酒给手下人喝，因为人多酒少不够分，于是想出谁先画好蛇就可以喝酒的办法。有一个人第一个把蛇画好了，但是见其他人还没有画完，就在已画好的蛇上又添加了两只脚，让人啼笑皆非。后来用"画蛇添足"比喻多此一举，反而无益，弄巧成拙。羝羊触藩：《易·大壮》："羝羊触藩，羸其角。"意思是公羊抵撞篱笆，把角缠在篱笆上，进退不得。后来用"羝羊触藩"比喻陷于进退两难的境地。羝，公羊。藩，篱笆。

杯中蛇影：晋朝人乐广十分好客，因一朋友好久不来家里，十分奇怪，就去拜会他，朋友说上次在你家喝酒，杯中有蛇，喝完后回来就生病了。乐广很疑惑，回家便查原因，原来是挂在墙上的角弓影子倒映在酒杯里造成的，朋友听到这个消息后病很快就好了。后来多用来比喻因疑神疑鬼而引起恐惧。塞翁失马：《淮南子·人间训》："近塞上之人，有善术者，马无故亡而入胡，人皆吊之，其父曰'此何遽不为福乎？'居数月，其马将胡骏马而归。"意思是虽然一时遭受损失，但也可能转变成好事。

龙驹凤雏：龙子凤子。晋朝陆云，字士龙，与兄陆机齐名，时人称他们为"二陆"。云年幼时，吴尚书广陵闵鸿称赞他"此儿若非龙驹，当是凤雏"。凤雏，幼凤，多比喻聪颖英俊的儿童。伏龙凤雏：司马徽称诸葛亮为伏龙，称庞统为凤雏。

人彘：汉高祖刘邦宠爱戚夫人，想废掉惠帝，立她的儿子赵王如意为太子，未果。待汉高祖死后，吕后挟恨，断戚夫人手足，去眼，熏灼耳朵，吃哑药，置于厕所中，称为"人彘"。帝把：把，干肉。契丹王耶律德光南侵途中病死，契丹人剖开他的肚子，挖出内脏，用盐腌起来运回，称为"帝把"。

梼杌：《神异经·西荒经》上记载的西方的凶兽名字，形状如老虎，人面虎足，猪牙，扰乱山中。穷奇：传说中的恶兽名，《山海经·西山经》上记载的野兽，形状像牛，音如獒狗，吃人。

王猛见桓温：王猛，十六国时前秦的大臣，后为苻坚的丞相。桓温，东晋大将军，明帝婿。《晋书·王猛传》："（猛）隐于华阴山，怀佐世之志，希龙颜之主，敛翼待时，后风云而后动。桓温入关，猛被褐而诣之，一面谈当世之事，扪虱而言，旁若无人。"扪虱：摸捉虱子，形容放任毫无拘束。

楚王轼怒蛙：楚王讨伐吴国时，出门看见发怒的青蛙，为鼓励士卒不怕死，他手扶车前横木向发怒的青蛙致敬。丙吉问牛喘：汉代宰相丙吉出巡时，遇到有人斗殴而死，但不过问，后来遇到牛在喘息，便走上前去询问。手下人不解，说他该问的不问，丙吉说："现在天气还没有大热，牛却喘息，怕是阴阳失调，这就是我职务内的事，应当过问；打死人这件事情自然有京兆尹来过问，是不需要宰相来管的。"

以十人而制千虎：比喻有些事情因为力量不够而很难取胜。宋代常安民给中书侍郎吕公著的信中写道："猛虎负隅，莫之敢撄，而卒为人所胜者，人众虎寡也。故以十人而制一虎，则人胜；以一人制十虎，则虎胜。奈何以十人而制千虎乎？"驰韩卢而搏蹇兔：《战国策·秦策三》范雎说秦昭王："以秦卒之勇，车骑之多，以当诸侯，譬若驰韩卢而逐蹇兔也，霸王之业可致。"比喻战胜敌人轻而易举。韩卢，战国时韩国的名犬，色黑，所以叫卢。蹇兔，跛足的兔子。

鹡鸰：也作"脊令"，形容兄弟相亲。鸾凤：鸾鸟和凤凰。比喻夫妇。

鞭之长，不及马腹：比喻力不能及。割鸡之小，焉用牛刀：《论语·

阳货》中记载，子游出任武城的行政长官，用礼乐教化百姓。孔子到武城听到一片弦歌之声，于是便开玩笑地说："杀鸡焉用宰牛刀？"比喻做小事不必用大力气。

枭：俗名猫头鹰，一种凶猛的鸟，旧传枭寄巢生子，大则食其母。后来用此比喻恶人。獍：恶兽名。也叫"破镜"，传说一种像虎豹的兽，生下来就吃父。因此用来比喻不孝和忘恩负义的人。苛政猛于虎：《礼记·檀弓下》载，孔子过泰山侧，见一妇人在哭泣，就让子路问之，妇人回答说，他的公公、丈夫、儿子先后被老虎所害。孔子问她为什么不离开这个地方，妇人说："无苛政。"孔子于是对他的徒弟说："小子识之，苛政猛于虎也。"即繁重的赋税和徭役比老虎还要凶暴可怕。壮士气如虹：壮士的豪气犹如天上的长虹，可以穿日而过。

骑鹤上扬州：《殷芸小说》中写道，有几个人一起谈志向，一个说想做扬州刺史，一个说想要腰缠万贯，一个说要骑鹤升仙。最后一人说要"腰缠十万贯，骑鹤上扬州"，把前面三人的愿望都包括了。后来用"骑鹤上扬州"比喻欲集做官、发财、成仙于一身，或形容贪婪的妄想。盲人骑瞎马，夜半临深池：晋朝桓玄、殷仲堪、顾恺之等人一起比赛说"危语"。殷仲堪的一位参军插语道："盲人骑瞎马，夜半临深池。"殷仲堪听了说："这话逼人太甚。"因为殷仲堪的一只眼睛瞎了。

黔驴之技：唐代柳宗元《三戒·黔之驴》，贵州一带没有驴子，有人带去一头放在山下，老虎看见这个庞然大物，不知是什么神怪。驴子叫了一声，老虎吓得发慌。后来渐渐听惯了驴的叫声，走近去碰它，驴子大怒，用蹄子乱踢，但是没有多大的伤害力。老虎大喜，心里想，原来驴子技艺不过如此，于是扑上去就把它吃了。后来用"黔驴技穷"比喻有限的一点技能已用完。鼯鼠之技：传说鼯鼠有五种技艺，但都不精通，能飞却不能上屋，能爬却爬不上树梢，能游却不能渡过山涧，能打洞可是藏不住身子，能跑但也超不过人。后用来比喻技艺不精，虽然多却没有益处。

鲸吞：像鲸一样的吞食，多用来比喻以强兼弱，吞并土地。狗盗：小偷，因为像狗一样钻到人家里所以叫狗盗。

养恶人如养虎、养恶人如养鹰：《三国志·魏书·陈登传》吕布因陈登向曹操求为徐州牧，不得。吕怒，拔剑曰："吾所求无一获，而卿父子并显重，为卿所卖耳！"要杀陈登。登徐喻之曰："登见曹公言待将军譬如养虎，当饱其肉，不饱则将噬人。"公曰："不如卿言也。吾待温侯譬如养鹰，饥则为附，饱则飏去。"布乃掷剑曰："曹公知我也！"飏：飞扬。

隋珠弹雀：比喻做事不知道轻重，因此得不偿失。隋珠，隋侯救了一条大蛇，蛇就送来珍珠相报答。投鼠忌器：《汉书·贾谊传》记载："里谚曰：'欲投鼠而忌器。'此善喻也。鼠近于器，尚惮不投，恐伤其器，况于贵臣之近主乎！"后来多用"投鼠忌器"比喻欲除祸害，但有所顾忌。

猬集：比喻事情繁多，像刺猬身上的硬刺那样聚集在一起。蝇头：比喻细小的事情，多用来指小数目的财力。狐疑：犹豫不决。雀跃：像雀一样蹦跃，形容特别高兴。

爱屋及乌：《尚书大传》："爱人者，兼及屋上之乌。"比喻爱这个人，连与这个人有关的东西都爱。轻鸡爱鹜：比喻舍此求彼。

教猱升木：多比喻教唆坏人做坏事。猱，猴子，身体轻捷，善于攀援。得鱼忘筌：比喻获得了成功就忘记了赖以成功的事物和条件。筌，也作"荃"，捕鱼用的竹器。

城狐社鼠：城墙下的狐狸，土地庙里的老鼠。比喻依仗他人势力而为非作歹的坏人。东晋大臣王敦想除掉晋元帝的亲信刘隗，而征求谢鲲的意见。谢鲲认为不可以，理由是刘隗虽然是危害，但却是城狐社鼠，要消灭狐鼠，则势必要毁及城墙和社土，即危及王室。陶犬瓦鸡：陶土做的狗，泥土做的鸡。后来比喻毫无用处的东西。

螳臂当辕：螳臂就是螳螂的前腿，比喻不自量力就必定会失败。辕，车前架牲畜的直木或曲木，后来代称车。蜉蝣在世：比喻人生十分短暂。

蜉蝣，一种小飞虫，生存期极短，早上生，晚上就死了。

越鸡难伏鹄卵：《庄子》中说，越鸡很难伏在天鹅卵上，鲁鸡却能，这是才能大小不同，小才不能担大任。后来也用来比喻小的不能控制大的。鸴鸠反笑大鹏：《庄子》里说，北冥有鱼，其名为鲲。鲲之大，不知其几千里。化而为鸟，名曰鹏，可以飞上九万里，蝉和鸴鸠却笑话它说："我们在树间飞行就够了，何必飞那么高。"鸴，雀类小鸟，名斑鸠。庄子的本意是阐明大小之间的区别是没有什么意义的，让人们顺其自然。但是后人常赋予它一个新的意思，目光短浅的人是不能理解别人的远大志向的。

燕雀焉知鸿鹄志：《史记·陈涉世家》记载陈涉年轻的时候曾经与人一起耕田，怅恨已久，说："苟富贵，无相忘。"与他一起耕田的人笑道："若为佣耕，何富贵也？"陈涉叹息道："嗟乎，燕雀安知鸿鹄之志哉？"虎豹岂受犬羊欺：《增广贤文》："龙游浅水遭虾戏，虎落平阳被犬欺。"

跖犬吠尧：比喻各为其主。鸠居鹊巢：《诗经·召南·鹊巢》："维鹊有巢，维鸠居之"。意思是鸠不自己做巢，却占据鹊所筑的巢。后世用"鸠居鹊巢"来比喻强占别人的居处或位置。

缘木求鱼：爬到树上去捕鱼。《孟子·梁惠王上》记载，孟子对梁惠王说，不行仁义而想"莅中国而抚四夷"，就好比是"缘木而求鱼"。后人用"缘木求鱼"比喻方向或方法完全不对，白费气力去做不可能办到的事情。按图索骥：按照图上画的马去寻找好马，传说伯乐有《相马经》，伯乐的儿子按照《相马经》去寻找马，结果找到一只蟾蜍。因此"按图索骥"常用来比喻食古不化，不知变通，拘泥成法办事。现在多比喻按照一定的线索去寻找某事物。

如虎负嵎：本意为依靠有利地形。多比喻坏人依仗权势而作恶。负，凭借。嵎，也写作"隅"，山势险阻弯曲的地方。如鱼失水：鱼失去了水就不能存活，多用来比喻失去了依靠。

九尾狐：《山海经》记载，异兽，形状如狐狸，有九条尾巴，声音像婴儿，能吃人。古人认为是祥瑞，后人则把九尾狐当作妖媚的象征，比喻阴险奸佞的人。独眼龙：李克用，唐末沙陀族人，其父朱邪赤心帮助唐镇压庞勋起义，赐名李国昌。他随父亲冲锋陷阵，被称为"飞虎子"，因为一只眼睛失明，所以绰号"独眼龙"。

指鹿为马：《史记·秦始皇本纪》记载，秦二世时，丞相赵高野心勃勃，想要篡夺皇位，于是故意把鹿说成马献给二世，来试验群臣是不是顺从自己。对于说是鹿的人，则暗中加以惩治。后来用"指鹿为马"来比喻颠倒黑白，有意歪曲事实，混淆是非。叱石成羊：魏晋时的传说。相传黄初平十五岁时牧羊山中，被一道士引到金华山的石室，后来哥哥初起找到初平，但不见羊。哥哥很是疑惑，初平却笑着叫了一声："叱！叱！羊起！"白色的石头都变成了羊。

卞庄：春秋时鲁国汴邑大夫。因勇力而闻名。《史记》载，卞庄去杀虎，有人向他献计，二只虎争食一头牛，必一死一伤。卞庄按照这个计划果然抓到了两只老虎。高骈：唐末幽州（今北京西南）人，字千里。年轻时看见两雕并飞，曰："我且贵，当中之。"发一矢中二雕。后来做秦州刺史、淮南节度使，果然富贵。

司马懿畏蜀如虎：三国时，诸葛亮进攻魏国，司马懿不肯出战，坚守阵地。诸葛亮派人送给他妇人用的头巾，司马懿仍然待在老巢不肯出战，贾栩等问道："公畏蜀如虎，不怕天下人笑话吗？"诸葛亮辅汉如龙：《纲鉴总论》中写道："鞠躬尽瘁，死而后已。亮之所以如龙也。"

鹪鹩：一种小鸟，巢筑得极为精致。鼹鼠：一种田鼠。善于钻洞，危害农作物。

孤雏腐鼠：比喻微贱且不足道的人或物。孤雏，孤独的幼鸟。起凤腾蛟：比喻文章内容十分丰富，文采又非常华丽，就像凤凰起舞，蛟龙腾空。

惠帝问虾蟆：《晋书·惠帝纪》记载，晋惠帝曾经在林园中听到虾蟆在叫，就问左右的人说："这是为官呢，还是为私？"左右的人戏弄他说："在官地则为官，在私地则为私。"汤德及禽兽：形容仁德之君行政很是宽大。《史记·殷本纪》记载，有一天，成汤外出，看见野外有人在四面张网，并祈祷说："从天上地下和四方来的，都进入我的罗网吧。"汤说："哎，一网打尽了啊！"于是叫张网的人撤去三面的网，并让他祈祷："想往左的，就往左；想往右的，就往右；不听从命令的就进入我的罗网。"诸侯听到这件事情，都说："汤的恩德已经达到了顶点了，竟然都推广到禽兽身上了。"

鱼游于釜中：比喻身在绝境，命已经危在旦夕了。《后汉书·张纲传》记载，东汉张婴在徐淮之间作乱，十多年，朝廷不能征讨。安帝时张纲为广陵太守，单车去见张婴，以恩信谕之。婴闻之哭着说："荒裔愚人不能自通朝廷，不堪侵枉，遂复相聚偷生，若鱼游釜中，喘息须臾间耳。今闻明府之言，乃婴等更生之辰也。"第二天便率领他的部下及妻儿归降。燕巢于幕上：比喻处境很危险。

辽东豕：东汉朱浮和彭宠结怨。彭举兵攻浮。浮写信给他说："伯通自伐，以为功高天下。往时辽东有豕，生子白头，异而献之，行至河东，见群豕皆白，怀惭而还。若以子之功论于朝廷，则为辽东豕也。"后来用"辽东豕"比喻少见多怪，自命不凡。井底蛙：井底下的青蛙只能看到井口那么大的天空。用来比喻见识短浅的人。

犁牛：杂色的耕牛。古祭祀用牛须毛色纯正，不能用耕牛。此喻指人之微贱。

鹤立鸡群：比喻人的才能或仪表特别出众。晋时人嵇绍（字延祖）初到京师，有人和王戎说："嵇延祖在众人之中，就像鹤站在鸡群里，很是突出。"雉求牡匹：比喻淫乱无礼。飞禽的公母叫雌雄，走兽的公母叫牡牝。雌鸡应该求其雄，这里说求其牡，表明其淫乱。

天上石麟：是对儿童前程远大的赞语。南唐徐陵年少时，僧人宝志摸着他的头说："这是天上的石麟啊。"迈众：超越众人。人中骐骥：比喻特别出类拔萃的人才。南朝徐勉有奇才，同宗人称之为"人中骐骥"。

怡堂燕雀：讽刺那些居安却不思危、祸到却不知道躲避的糊涂人。战国时孔斌曾向魏王进谏说："燕雀在大堂上以为很安全，却不知道房子就快烧起来了。"瓮里醯鸡：比喻见识不广。醯鸡，指醋瓮中的小霉虫。《庄子》载，孔子向老子请教说："我的思想就像你瓮里的醯鸡，你不打开，我就不知道天下有多大。"孔子用此比喻自己所见狭隘且渺小。

马牛襟裾：马牛虽然穿着人衣，但依旧是牲畜的行为，比喻不识礼仪的人。韩愈曾作诗勉励儿子说："人不通古今，马牛而襟裾。身行陷不义，况望多名誉。"襟裾，指衣服。沐猴而冠：猕猴戴着人的帽子很有人的模样，却办不成人事。沐猴，猕猴。《史记·项羽本纪》中记载，秦末，刘邦、项羽、楚怀王三人曾约定，谁先攻入咸阳谁就做关中王。刘邦先攻进咸阳，项羽很不高兴，于是进城杀百姓和已经投降的秦王子婴，并放火烧了阿房宫，掠夺大量金银财宝准备回江东。于是有人在背后讥讽楚国人就是戴着帽子的猴子，虚有其表。后也用来讽刺某些人有名无实，成不了大事。

羊质虎皮：原来的意思说笨拙无能的羊披上虎皮，但是它怯懦的本质却并没有改变。比喻只是白白地有好的衣冠。后来用来比喻徒有虚名，但并无实际能力的人。守株待兔：《韩非子·五蠹》记载，宋国有一个农夫碰巧捡到一只撞到树桩而死的兔子，从此以后他便放下农活守在树桩边，等待撞到树桩而死的兔子。后来用"守株待兔"来讽喻墨守经验而不知变通或者妄想不劳而获坐享其成的人。

恶人如虎生翼：如果帮助坏人作恶就是助长了坏人的气势，坏人就像长了翅膀的老虎更加张狂。《周书》："毋为虎傅翼，将飞入邑，择人而食。"

鲋鱼困涸辙：小鱼被困在干车沟里，用来比喻处境十分困难的人。《庄周·外物》记载，庄周在路上看见干车沟里有一条小鱼，小鱼请求庄周给它水来救活它。庄周答应，并说他将要南游，到时引西江之水来迎小鱼，小鱼很是生气地说，我只是要半升水就可以活，你这样说，不如让我早早干死。蛟龙得云雨：《资治通鉴》记载，刘备拜访孙权，求荆州。周瑜上疏孙权说，刘备有枭雄的姿态，并且有关羽、张飞熊虎之将，不可能长久地屈从于别人手下，现在割土地给他，就是资助他，三个人都在疆场上，"恐蛟龙得云雨，终非池中物也！"比喻有才华的人终究会有施展抱负的一天。

执牛耳：古代诸侯国之间盟誓时，要割牛耳取血，割下的牛耳朵放在珠盘，由主盟的人捧着，所以称主盟者为执牛耳。附骥尾：苍蝇附在马的尾巴上，可以行千里。后来比喻依附贤者或先人来成名。一般作为谦词。

鸿雁哀鸣：《诗经·小雅·鸿雁》："鸿雁于飞，哀鸣嗷嗷。"后来用来比喻流离失所的灾民。狡兔三窟：狡猾的兔子有三个洞穴。《战国策·齐策四》记载，战国时，冯谖曾对孟尝君说："狡兔有三窟，才能免于一死。"于是他为孟尝君办了三件大事，巩固了孟尝君的地位。"狡兔三窟"比喻藏身的地方或方法很多，后来用来比喻从多方面谋求安身立命以避灾祸。多用于贬义。

风马牛势不相及：《左传·僖公四年》记载，春秋时，齐国出兵进攻楚国，楚国派使者对齐军说："你们居住在北方，我们楚国在南方，相距很远，唯是风马牛不相及也。"形容齐楚两地相距甚远，即使马、牛走失，也不会走失至对方的境内。后来用"风马牛势不相及"比喻事物之间毫不相干，没有任何的联系。常山蛇首尾相应：比喻一种首尾呼应，各部分紧密配合的作战方法。

·百足之虫，死而不僵：用来比喻势力雄厚的集团或家族，虽然衰败了，但是影响依然存在。现在多用于贬义。百足：马陆的别名，体长而稍扁。长约一寸，躯干共二十节，切断后头尾可自行离开。另一说法是蜈蚣。**千岁之龟，死而留甲**：古时候，人们都认为龟是有灵性的动物，而且寿命很长，因此龟死后人们留下它的龟甲，好用来占卜。

宁为鸡口，毋为牛后：鸡嘴虽然小，但可以自己啄食，牛屁股虽然大，但是只能任人鞭打。用来比喻宁肯在局面小的地方自主，也不愿意在局面大的地方受人支配。**岂甘雌伏，定要雄飞**：汉代赵温担任京兆郡丞，叹息说："大丈夫应当雄飞，怎么能雌伏。"于是弃官而去，后来被拜为司徒。雌伏，屈居人下。雄飞，奋发图强。

辕下驹：在车辕下的小马，以此比喻人因为有所顾忌而显得拘束不安。驹，两岁的马。**牛马走**：像牛马一样供人驱使的人，即仆人。也常用做自谦之词。

猩猩能言：猩猩的声音像婴儿，所以传说它可以说人语。**鹦鹉**：鸟名，羽毛色泽鲜艳美丽，嘴大且短，经过训练可以仿效人说话。

人惟有礼：《诗经·相鼠》："相鼠有体，人而无礼。人而无礼，胡不遄死？"就是说老鼠都有皮、有齿、有体，人只有讲礼仪，才能避免不如老鼠。

◎ 译文

龙是鳞虫类之长，老虎是万兽之王。麒麟、凤凰、乌龟和龙合称为四灵。狗、猪和鸡是古人歃血为盟时所用之物，所以合称为三物。

骅骝是古时名马的名称。太牢、大武都是牛的名称。羊毛很柔软、羊须又很长，所以把羊称作柔毛或长髯主簿。猪鬃很硬、猪嘴乌黑，所以称作刚鬣或乌喙将军。

鹅走路像雁故称为舒雁。鸭形状像凫称为家凫。鸡有五种美德，故称为德禽；雁又称为阳鸟。

家狸、乌圆都是猫的美名；韩卢、楚犷都是良犬的名称。

麒麟、驺虞都是喜好仁义之神兽；螟、螣、蟊、贼都是残害庄稼的害虫。无肠公子是螃蟹的别名，绿衣使者是鹦鹉的外号。

狐假虎威比喻凭借别人的威势做坏事，养虎遗患比喻纵容敌人自留后患。犹是一种野兽，性多疑虑，听见声音就预先上树，一会儿又下来反复不定，所以说人遇事迟疑不决就叫作犹豫；狼和狈互相依倚，失去对方则困顿不堪，故以狼狈形容困顿窘迫的境况。鹿是打猎时互相争夺的目标，在众人争夺某物而胜负未分之时，就说不知鹿死谁手；基业房产换了主人，秋去春来的燕子虽在同一地方筑巢，却已不是原来的人家了。大雁飞往南方时，先到的是主人，后到的是宾客；雉鸡又名陈宝，抓住雄雉可以为王，抓住雌雉可以称霸。

用木头刻鹄却像个鹜，说人学一件事还没有学成。用纸画老虎，画出来却像一只狗，比喻弄巧成拙反而留下笑柄。好坏不匀称，譬如用狗尾巴去接续贵重的貂毛。贪得无厌如同巴山的长蛇，想要吞下大象一样。

前门拒绝了老虎，后门却进来了豺狼，比喻刚消除了一个祸患，却又遇上了另一个灾难。不敢进入老虎的洞穴，怎能得到虎子，是说不敢冒危难，就不能获得成功。世俗之人趋向财利追逐利益，如同群蚁附着于膻腥之上。谦称自己喜爱儿女，如同老牛不断地舔着小牛一般。

从来没有发生过的事，竟然可以说得有形有影，如同画蛇，竟然添上了脚，真是无中生有，节外生枝。羊角触撞了篱笆，向前进或向后退都很困难，就称为羝羊触藩。在酒杯里看见了蛇的影子，无端产生了疑虑恐惧叫杯中蛇影。塞上老翁失去马，祸福很难分辨，所以塞翁失马是说发生了不好的事，有时却会产生好的结果，祸福并不是事情发生的当时就能显现出来的。

晋闵鸿夸赞吴郡陆云文采之异，说他是龙驹凤雏，龙驹是夸赞陆机的天资颖异，凤雏是称赞庞统的才华高超。吕后斩断戚夫人手足，称她为人彘；胡人将契丹王尸骸腌起来，称为帝耙。凶恶残暴的人，就和那传说中

的凶兽梼杌穷奇一样。王猛隐居倜傥有大志，披褐衣谒桓温，扪虱而谈天下大事；宁戚家贫而有才，扣牛角发悲歌，齐桓公听到后认为是奇才，故有拜为上卿的殊荣。

越王伐吴时为激励士兵勇于作战，向怒蛙致敬因为它不畏惧死亡。丙吉见到牛喘息而询问，唯恐阴阳失序。用十个人去制伏一千头老虎，一定会惨遭失败，比喻事情难以成功。用勇猛的狗去追捕跛了脚的兔子，比喻摧毁敌人极其容易。

鹡鸰比喻弟兄，凤凰比喻夫妻。有力量却用不上，譬如马鞭再长，也不打马腹。小题不必大做，杀鸡这种小事，何必用到杀牛的刀子。枭长大之后会吃掉自己的母亲，獍长大之后会吃掉自己的父亲。

繁重的赋税比老虎更要凶暴可怕。壮士的豪气犹如天上的长虹，可以穿日而过。腰带上缠上了钱，骑鹤上天而去，是说世人富贵而登仙的样子。盲人骑着瞎马，半夜走到很深的池塘边，这是威胁人家说出的毛骨悚然的险语。

黔驴的本领不过如此，比喻炫耀拙劣的伎俩而本领却仅此而已。鼯鼠的能力最易穷尽，比喻能耐有限。恃强兼吞弱者称为鲸吞。偷偷摸摸地去窃取他人的财物叫作狗盗。用隋侯的明珠去弹千仞之雀，比喻得到的少失去的多。投鼠忌器形容做事有所顾忌，唯恐伤害了他人。

事情多又不容易处理叫作猬集；财利微薄叫作蝇头。遇到事情心里产生犹豫怀疑称作狐疑。欣然色喜叫作雀跃。爱屋及乌比喻爱其人而爱和他有关的一切；看轻家鸡而爱好野鹜，形容舍此求彼，舍弃这里而图谋那里。

教唆他人去做坏事，好比教猴子爬树。受了人家的恩惠而不知报答，好比得到了鱼，而忘却了捉鱼的器具。靠着别人的势力为非作歹的人，好像是城社里的狐鼠一样。空有其表而没有任何用处，和陶器做成的狗及用瓦料做成的鸡，有什么区别呢？

势单力薄，能力不足，难以抵御敌人，如同螳螂用它的前脚去挡车子一样。人的生命短暂而脆弱，如同蜉蝣生于世上朝生夜死非常短暂。才能小的人难以办成大事，就像越鸡难以孵化天鹅蛋一样，低贱的反而看不起那高贵的，好比鹌鸠嘲笑那大鹏一样。

小人不明白君子的所想，就像燕雀不知道鸿鹄远大的志向。君子不受小人的欺侮，就像虎豹不会受到犬羊的欺凌。

盗跖饲养的狗，见了尧还是要吠他的，并不是尧不仁，而是犬只认其主，比喻人各有其主。喜鹊做好了巢，斑鸠就把它占据了，形容侵占他人努力的成果而安享其成。爬到树上去想要抓到鱼，哪里捉得到呢？这个譬喻是说行为与目的相反，是很难达到成功的。按照千里马的图像，去寻找千里马，这图像画得格外好，世上找不到这样完美的马，比喻食古不化、拘泥成法办事，恐怕要失去真实了。

凶恶的人又有势力可以依靠，就像凶猛的老虎，背部靠着山的凹处，把利爪向着外面，那就没有人敢去抓它了，是比喻恶人依仗权势，别人奈何不得。穷苦的人没有地方可以投奔依靠，正如鱼失去了水一样，就没有可以游水生存的地方了。陈彭年敏捷强记，谄媚奸险，世人讥诮其为九尾狐。李克用骁勇善战，因为瞎了一只眼，世人称他为独眼龙。

赵高专权故意颠倒是非，指着鹿说是马，欺骗君主。黄初平得了仙术，能够呼叱石头使其变成羊只。卞庄勇猛有力，能手擒两只老虎；高骈善射，曾一箭射中两只大雕。

司马懿惧怕蜀国就像惧怕猛虎一样，诸葛亮辅佐汉室如同巨龙在天。鹪鹩在森林中筑巢，只要一根树枝就足够了。鼹鼠去河边饮水，只要喝饱肚子就足够了。微不足道易被抛弃的人，如同孤独初生的小鸟或已经腐烂的老鼠一样。一个人在文学上的造诣，为世人所景仰，就好比飞翔的凤凰腾跃的蛟龙，声誉是很好的！惠帝询问虾蟆鸣叫是为公还是为私，汤的恩德已经推广到了禽兽。鱼在锅里游水，虽然还活着，也是活不长久了。燕子的巢筑在军营中的帐幕上，虽然能够栖身，却是难以安稳的。少见多怪妄自称奇，譬如辽东豕一样。一个人的见识短浅、眼界狭小，如同住在井底的青蛙一样，见到的只有井中的范围，井以外的世界是看不见的。

父亲品德低下，儿子却很贤明，称作犁牛之子；父亲谦称儿子笨拙，说是豚犬之儿。

高出别人一个头，一眼望去特别显眼，才华卓越出众，好比鹤站立在鸡群之中。配偶不相称，私自相从，好比雌雉求雄雉的匹配。夸赞他人之子品格出众，就说他是天上的石麟。君子杰出超凡，就称他为人中的千里马，比喻才能超凡出众。住在堂上的燕雀，不知道灾殃将来临，比喻处境极危险而不自知；住在瓮里的醯虫，哪能有多大的见识呢，比喻处所狭隘，识见怎么会宽广呢？马牛襟裾指穿戴衣冠的禽兽，用来骂人不懂得礼仪。沐猴而冠是说猕猴戴了帽子，依然是猴子，用来笑人徒有其表，眼光短浅没有大器量。本质是羊披上了虎皮，说人徒有虚名，讥讽人外表强硬而内心十分虚怯。守着一株树等着兔子来，是说人死守狭隘的经验不懂变通，笨拙无能。

帮助坏人作恶就助长了他们的气势，坏人就像长了翅膀的老虎更加张狂。有远大志向的人就像笼中的鹰，他们的志向是振翅飞上云霄。

鲋鱼困在干涸的车辙中，等不及引来西江水，比喻人处境窘迫急待援助。蛟龙只要得到云雨便会腾越天空，终究不是池中之物，形容有才华的人只要得到机会，就能大显身手。执牛耳是说人居于领导地位。附骥尾是谦称依托他人的力量，盼望他人提携荐引。

鸿雁哀哀地叫，是悲伤灾民流离失所无处安身。狡猾奸诈的兔子筑有三个巢穴，好比贪心的人巧于钻营，善于为自己图谋利益。因为马走顺风牛走逆风，这是彼此互不侵犯的意思，比喻事物之间毫不相干。常山蛇攻击其头部则尾部立刻回应，攻击尾部则头部回应，以此形容头尾相应的事物。百足虫死了之后，还不会僵掉，是因为脚多（扶持者众）的缘故。活了一千岁的神龟，死亡了之后，也会把龟甲留下来，用它来占卜非常灵验。

鸡口虽小却能进食，牛后虽大却专供排泄，故大丈夫宁为鸡口不做牛后。士君子应有大志，岂愿甘心雌伏，一定要奋发有为，时候一到定要雄飞。不要局促畏缩如同车辕下的马儿。不要萎靡不振，如同牛马一样被人驱使的仆从。猩猩能言，不脱走兽之类属，鹦鹉能言，不离飞禽之本性。人唯有懂得礼仪，才能免遭《诗经》中所言的相鼠这一首诗的讥刺，如果仅是会讲话，那与禽兽又有什么区别呢？

◎ 直播课堂

在自然界，生活着各种各样不同的动物。从冰天雪地的两极到世界屋脊，从波涛汹涌的海洋到茂密的丛林，从寸草不生的沙漠到人烟稠密的城市，都有动物的踪迹。鸟兽一篇讲述了古代各种奇特的自然界动物，这些知识让我们更加了解动物。

花木

◎ 我是主持人

从一望无际的草原到广阔的江河湖海，从赤日炎炎的沙漠到冰雪覆盖的极地，处处都有植物的生根之地。本篇讲述了自然界中各类植物，让我们了解了很多关于植物的知识。

◎ 原文

植物非一，故有万卉之名；谷物甚多，故有百谷之号。

如茨如梁，谓禾稼之蕃；惟夭惟乔，谓草木之茂。

莲乃花中君子，海棠花内神仙。

国色天香，乃牡丹之富贵；冰肌玉骨，乃梅萼之清奇。

兰为王者之香，菊同隐逸之士。

竹称君子，松号大夫。

萱草可忘忧，屈轶能指佞。

箯筜，竹之别号；木樨，桂之别名。

明日黄花，过时之物；岁寒松柏，有节之称。

樗栎乃无用之散材，楩楠胜大任之良木。

玉版，笋之异号；蹲鸱，芋的别名。

瓜田李下，事避嫌疑；秋菊春桃，时来迟早。

南枝先，北枝后，庾岭之梅；朔而生，望而落，尧阶蓂荚。

蕊呙背阴向阳，比僧人之有德；木槿朝开暮落，比荣华之不长。

芒刺在背，言恐惧不安；薰莸异气，犹贤否有别。

桃李不言，下自成蹊；道旁苦李，为人所弃。

老人娶少妇，曰枯杨生稊；国家进多贤，曰拔茅连茹。

蒲柳之姿，未秋先槁；姜桂之性，愈老愈辛。

王者之兵，势如破竹；七雄之国，地若瓜分。

苻坚望阵，疑草木皆是晋兵；索靖知亡，叹铜驼会在荆棘。

王佑知子必贵，手执三槐；窦钧五子齐荣，人称五桂。

鉏麑触槐，不忍贼民之主；越王尝蓼，必欲复吴之仇。

修母画荻以教子，谁不称贤；廉颇负荆以请罪，善能悔过。

弥子瑕常恃宠，将余桃以啖君；秦商鞅欲行令，使徙木以立信。

王戎卖李钻核，不胜鄙吝；成王剪桐封弟，因无戏言。

168

齐景公以二桃杀三士，杨再思谓莲花似六郎。

倒啖蔗，渐入佳境；蒸哀梨，大失本真。

煮豆燃萁，比兄残弟；砍竹遮笋，弃旧怜新。

元素致江陵之柑，吴刚伐月中之桂。

捐资济贫，当效尧夫之助麦；以物申敬，聊效野人之献芹。

冒雨剪韭，郭林宗款友情殷；踏雪寻梅，孟浩然自娱兴雅。

商太戊能修德，祥桑自死；寇莱公有深仁，枯竹复生。

王母蟠桃，三千年开花，三千年结子，故人借以祝寿诞；上古大椿，八千岁为春，八千岁为秋，故人托以比严君。

去稂莠，正以植嘉禾；沃枝叶，不如培根本。

世路之榛芜当剔，人心之茅塞须开。

◎ 注释

卉：草的总称。

如茨如梁：即庄稼长得像屋顶桥梁一样高。形容长势茂盛。《诗经·小雅·甫田》："曾孙之稼，如茨如梁。"茨，盖屋的茅草。梁，桥梁。蕃：茂盛。夭：茂盛。乔：高。

屈轶：黄帝时有一种屈轶草，奸佞的人来，草就指向他。

箘簬：生长在水边的大竹子。

明日黄花：宋苏轼《九日次韵王巩》诗，有"相逢不用忙归去，明日黄花蝶也愁"句。后以"明日黄花"喻过时的事物。

樗栎：两种不材之木，喻无用之才，亦作自谦之辞。楩楠：古书上说的一种珍贵的木材。

玉版：干笋。蹲鸱：芋的形状就像鸱鸟蹲坐。

瓜田李下：三国魏曹植《君子行》："君子防未然，不处嫌疑间，瓜田不纳履，李下不正冠。"后以"瓜田李下"指比较容易引起嫌疑，让人误会，而又有理难辩的场合。秋菊春桃：古诗有"桃花二月放，菊花九月开。一般根在土，各自等时来"之句。表明时间早晚不同。

南枝先，北枝后：大庾岭的梅花，南边花已经落下，北边的花才开。

尧阶蓂荚：传说尧帝的阶下生的一种草，叫蓂荚，夏历每月初一生一荚，十五后日落一荚，月终而尽，很有规律。

苾刍：佛经中说的一种草，据说有五义，生不背日，冬夏常青，体形柔软，香气远腾，引蔓旁布，是佛的徒弟，用来赞扬僧人。暮落：传说木槿花早晨开，晚上落。

芒：草尖。刺：荆棘。薰莸：薰是香草，莸是臭草，两者气味不同。

桃李不言，下自成蹊：古谚，谓桃李成熟，人不期而至，树下自然踏成蹊径。道旁苦李：晋代王戎七岁的时候，与伙伴们一起玩耍，看到路边李树上果实很多。小孩们抢着去摘，只有王戎不动，他说："路旁结李子那么多，必是苦李子。"大家摘来一尝，果然是苦的。

荑：杨柳生出的嫩芽。茹：植物的地下部分。

蒲柳：水杨树，不到秋天就枯了。

姜桂：生姜和肉桂，两种调味品，其味愈老愈辣。

势如破竹：形容作战或工作极其顺利。七雄：战国七雄，秦、楚、燕、韩、赵、魏、齐。

草木皆是晋兵：前秦苻坚率兵进攻东晋，结果大败而逃，溃退中听到风声与鹤的叫声，都以为追兵来了。后以"风声鹤唳，草木皆兵"形容人在惊慌时疑神疑鬼。铜驼会在荆棘：西晋末年，索靖有先识的本领，其知天下将要大乱，指着洛阳宫门前的铜骆驼叹息说："将会看到你淹没在荆棘之中！"后以"铜驼荆棘"形容亡国后山河破碎的凄凉景象。

王佑：宋代人，知道子孙一定会显贵，就亲手在院中种植了代表三公的三棵槐树，后来他的儿子果然当了宰相。窦钧：五代人，五个儿子都及第做官。

鉏麑触槐：《左传》记载，晋灵公无道，派鉏麑去杀掉劝谏的赵宣子，鉏麑说："杀了为民做主的人不忠，违背君王的命令不信，不如去死。"于是在槐树上撞死了。蓼：多年生草本植物，叶味辛辣。

画荻以教子：宋代欧阳修的母亲教儿子读书，家贫无纸笔，就用芦苇在地上写字。荻，芦苇。

弥子瑕：卫灵公的宠臣，曾将自己吃过的甜桃给卫灵公吃，卫灵公说："真是忠心啊，忘记了自己曾经吃过。"后失宠，卫灵公说："曾经将吃剩的桃子给我吃，没有比这更不敬的了。"徙木以立信：战国时，商鞅在秦国变法，在新法公布以前，恐民不信，于是立三丈之木于国都市南门，规定能把它搬置到北门去者，赏予十金。大家都感到奇怪，谁也不上前去，商鞅又下令道："能徙者予五十金。"有一人照着做了，果然拿到五十金的赏金。商鞅在取信于民以后，才将新法公布。

王戎卖李：西晋司徒王戎家有好李子，出卖时唯恐别人将种子留着栽种，因此用钻穿李核。剪桐封弟：周成王与弟叔虞一起玩，将桐树叶削成玉玺的形状，戏言说："我封你为诸侯。"周公说："君子无戏言。"于是周成王就封叔虞为唐侯。

二桃杀三士：春秋时，公孙接、田开疆、古冶子三人以勇力侍奉齐景公，因恃宠而骄，宰相晏婴建议景公除去三人，于是设宴请景公赐二桃于三人，论功食桃。公孙接和田开疆各自讲述了自己的功劳，把桃子拿走。实际上古冶子的功劳更大，两人终于自愧弗如，让出桃子而自杀。古冶子认为自己独活是不仁、不义、无勇，也自杀身死。莲花似六郎：唐朝张宗昌小名六郎，很受武则天宠爱。杨再思担任内史，极力巴结张宗昌，有人赞美张宗昌说："六郎似莲花。"杨说："非也，是莲花似六郎。"

蒸哀梨，大失本真：南京有哀姓人家的梨非常大，味道很美，入口即消，若蒸而食之，则失真味。

江陵之柑：董元素，唐朝人，会法术。一日夜间，唐宣宗曾要他弄来

江南的柑橘。董元素放了一个盒子在御榻前，一会儿，有微风吹入，董元素打开盒子，里面装满了柑橘，皇帝尝了，觉得味道不错。

尧夫之助麦：宋范仲淹之子尧夫去东吴取租，路遇石曼卿三件丧事未办，就把麦子给了石，回来后和范仲淹提起此事，与范仲淹不谋而合。野人之献芹：相传古代有个人自觉老水芹美味，便在乡里的富豪面前称道。富豪听言尝了以后，既觉难吃又腹疼不已。大家都讥笑这个人，他自己也感到很惭愧。

冒雨剪韭：汉代郭林宗自己种菜，友人范达夜间来了，郭冒雨割韭菜做饼招待朋友。踏雪寻梅：唐孟浩然曾冒雪骑驴寻梅，说："我的诗思正在风雪中的驴背上。"

祥桑自死：商朝第十代王太戊即位后，有祥桑树生长，七天后就合抱不过来。传说祥桑树是对施政者的警告。太戊于是实行德政，三天后祥桑树就死了。枯竹复生：宋寇准封莱国公，后被贬为雷州司户参军，逾年而卒。归葬西京时，经过荆南公安，县人设祭哭于路，折竹插地挂纸钱，枯竹竟生出笋来。

严君：指父亲。

稂莠：都是害苗之草。

蓁芜：指荆棘。茅塞：像茅草一样塞住了。

◎ 译文

植物并非只有一种，所以有"万卉"的名称。谷类也有很多种，所以称作"百谷"。

《诗经》说"如茨如梁"是形容庄稼长势茂盛，"惟夭惟乔"是指草木茂盛。

莲花高雅，是花中的君子，海棠花超逸，被称为花中神仙。

"国色天香"是说牡丹富贵艳丽。"冰肌玉骨"是形容梅花的清秀俊奇。兰花有王者之香，尊贵高雅。菊花如隐逸之士，孤傲高洁。

竹有"君子"之称，松有"大夫"之号。萱草又名"忘忧草"，可以使人忘却忧愁；屈轶别号"指佞草"，据说它能够指出佞人。

"箟筜"是竹子的代称，"木樨"是桂花的别号。黄菊花过了时令便凋谢了，故以"明日黄花"比喻过时的事物，松柏在严寒时依然苍翠，所以称有气节的人为"岁寒松柏"。

樗栎是无用的树木，梗楠是能做栋梁的佳木。"玉版"是干笋的别名，"蹲鸱"是芋的别名。

在瓜田中不要弯腰提鞋，李树下不要抬手整理帽子，以避免有偷瓜摘李之嫌疑。

桃花二月开放，菊花九月开放，这是说时间有早有迟。庾岭的梅花，南边枝条先开，北边枝条后开；生长于尧帝庭阶上的蓂荚，夏历初一开始生荚，十五后开始落荚。

苾刍这种植物背阴向阳，比喻僧人一心向佛有德行；木槿的花早晨开放晚上凋谢，比喻荣华富贵不会长久。

"芒刺在背"是说心里极度的恐惧不安；薰草香、莸草臭，二者气味绝不相同，如同贤人、恶人之差别。

桃李虽然不会说话，人们喜爱它们的花与果实，来往不绝，树下自然踩出小路；若是苦李，即使生在路旁，也会为人所摒弃。

年老的男人娶年轻的少妇叫枯杨生稊。国家进用贤才，多多益善，就像拔茅草连根带起一样。蒲柳的姿容，未到秋天便已枯槁；姜桂的性质是愈老味道愈辣。

行王道之师摧敌势如破竹，战国时期中原地区被七雄所瓜分。淝水之战苻坚大败，远望风吹草动，都以为是晋兵。索靖预测晋朝将亡，指着洛阳官殿前的铜驼，叹息道，日后恐怕要在荆棘丛中见到了。

王佑知道子孙将来一定显贵，预先在庭院中种下三棵槐树；窦钧有五

个儿子皆显贵，世人称为五桂。鉏麑不忍心杀害忠臣，又不敢违抗命令，就自己头撞槐树而死；越王卧薪尝苦蓼，必定要报吴国之仇。

欧阳修的母亲以荻杆当笔，教子读书写字，世人都称赞她是个贤德的母亲；廉颇背负荆条向蔺相如请罪，知错并善于改正。

弥子瑕依仗卫灵公之宠爱，把咬过的桃子给卫灵公吃；秦国的商鞅为推行变法，让人搬木头而给赏金，以建立威信。

王戎卖李子之前，先在李核上钻洞，防止他人得到种子，这种做法实在鄙吝。周成王剪桐叶分封弟弟叔虞，后来因为天子不可有戏言，叔虞就被封为唐侯。

齐景公借助晏子的计谋用两个桃子就使三位壮士自杀身亡；杨再思阿谀谄媚，吹捧张宗昌，说，不是六郎像莲花，而是莲花像六郎。倒吃甘蔗指渐入佳境；把哀梨拿来一蒸，便失去真味。

煮豆燃萁比喻骨肉自相残杀；抛弃旧爱去结交新欢，就称作"砍竹遮笋"。

董元素有仙术，能把江陵的柑橘搬至长安的宫殿中。吴刚被天帝惩罚，罚他砍伐月中的桂树，却怎么砍也砍不倒。捐资财救济贫困，应当学范尧夫把一船的麦子送给石曼卿；以物品馈赠他人，就自谦仿效山野之民献芹菜以表敬意。

郭林宗殷切款待友人，亲自冒雨去菜园剪韭菜；孟浩然诗怀旷达，踏雪寻梅自我娱乐雅兴不凡。

商代太戊修行德政，作祸的祥桑便自己枯死。寇准仁德深厚，插下的枯竹又长出嫩芽。西王母的蟠桃，每三千年开一次花，三千年结一次果，故人们借用桃子来祝寿；上古有大椿树八千年才算一春，八千年才算一秋，所以人们借它来比喻自己的父亲长寿。

稂莠是害草，去稂莠以使禾苗更茂盛；植物以根为本，与其使枝叶肥美，不如培育根本。社会上的恶人好比路上的杂草，应当剔除干净；世人愚昧无知，如同茅草塞住心灵，必须使它通畅才好。

◎ **直播课堂**

　　二十五亿年前，地球史上最早出现的植物属于菌类和藻类，其后藻类一度非常繁盛。直到四亿三千八百万年前，绿藻摆脱了水域环境的束缚，首次登陆大地，进化为蕨类植物，为大地首次添上绿装。三亿六千万年前，蕨类植物衰落，代之而起是石松类、楔叶类、真蕨类和种子蕨类，形成沼泽森林。古生代盛产的主要植物于二亿四千八百万年前几乎全部灭绝，而裸子植物开始兴起，进化出花粉管，并完全摆脱对水的依赖，形成茂密的森林。本篇对植物进行了概括的介绍，并引出了相关的人物典故。

下篇 《幼学琼林》深度报道

第一章
坚定心中的信念

人为什么而活？又是什么在支撑着人们努力奋发？答案不过两个字——信念。信念的力量是伟大的，它支撑着人们生活，催促着人们奋斗，推动着人们进步。没有信念人们就不会有意志，更不会有积极主动的行为。

傅说传奇

傅说，殷商王武丁的至高权臣——丞相（即三公第一位），他是傅氏家族的始祖。他辅佐殷商高宗武丁安邦治国，形成了历史上有名的"武丁中兴"，并留下了千古不朽的《说命》三篇，其中"知之非艰，行之惟艰"为我国最早的朴素唯物主义史观奠定了基石，被记录在我国最早的历史文献——儒家经典之一的《尚书·说命》里。他的治国方略，改变了商朝持久的没落，他落难时所创造的"版筑"（俗称打墙）营造技术，是我国建筑科学史上的巨大成就，是人类建筑史上的最大进步。据史籍所载，傅说是我国历史上最早被尊奉为"圣人"的人。

傅说从政之前，身为奴隶，在傅岩做苦役。那里是虞、虢两地交界之处，又是交通要道，因山涧的流水常常冲坏道路，奴隶们就在这里版筑护路。傅说就靠从事版筑维持生计，虽有才干，无从施展。商王武丁是一位励精图治的帝王。即位以后，三年没有理政，国事全由家宰管理，他从旁观察，思索复兴殷商的方略。后来，从版筑护路的奴隶中发现了傅说，擢拔为相。傅说担任相国之后，辅佐武丁，大力改革政治，"嘉靖殷邦"，使贵族和平民都没有怨言，史称"殷国大治""殷道复兴"。武丁一朝，成为商代后期的极盛时期。

关于傅说与武丁君臣际会的传说，有唐代孔颖达《尚书正义》引述西晋皇甫谧的一段记载，说殷高宗武丁梦见上天赐予他一位贤人，这个人蒙着奴隶穿的衣服，说自己姓傅名说，正在做苦役。武丁醒来后想："傅者，相电。说者，悦也。天下当有傅我而悦民者哉！"他认为这是个好兆头，自己要得到一位治理天下的好帮手了。天亮以后，他把这个梦告诉百官，却没有一个人相信。武丁就让人把梦中人的形象画出来，在全国寻找，果然在傅岩找到傅说。

关于傅说的死，不少史料的记载都带着浓郁的神话色彩，说他人死了，精神并没有死，灵魂飞升到天上，在二十八宿箕星和尾星之间，化作一颗明星，这颗星就叫作傅说星。《庄子·大崇师》中说："傅说得亡，以相武丁，奄有天下，乘车维，骑箕尾，而比于列星。"《楚辞·远游》中也有傅说化星的记载。当然，人死化星，这是不可能有的事，但当时人们这样传颂着，后世的人们也这么传颂着，足见傅说是一位深受人民爱戴的历史人物。每年农历四月初八是傅说诞辰日，他的故里都要举行隆重的官祭大典，表达对先贤的祝福和崇敬。后世的唐太宗李世民也很推崇傅说，常常以"此木虽曲，得绳则正。为人君虽无道，受谏则圣。此傅说所言，可以自鉴"教育太子。登基前的李世民曾经被唐高祖李渊封为"天策上将"，"天策"即"天策星"，就是"傅说星"，可见武丁盛世和盛唐还是有一点渊源的。

事非有意

唐法融禅师曰："恰恰用心时，恰恰无心用。曲谭名相劳，直说无繁重。无心恰恰用，常用恰恰无。今说无心处，不与有心殊。"。当你想要用心时，恰巧会发现你的真心无以为用。真心要能用，率直而出不觉得滞碍繁重。若用心时在名相上阐释，非为真心之用，故觉得劳碌心形。心入无所著之境界，是为无心，此时无心恰恰能起真心之用；若真心经常自起心用，那常用之心将趋于昏昧不灵，而起不了心用。但现在所说之无心状态，是心之不着一切有相，此境界与有心之用并不是非同也。

事情有时就是这样，"有心栽花花不开，无心插柳柳成荫"，越是有意要做某事但总是做不成功，但是无意间的举动却能获得意想不到的好结果。

晋陶潜《归去来辞》："云无心以出岫，鸟倦飞而知还。"《说文》："岫，山穴也。"作者以鸟云喻己，"无心"一词表明他误入仕途，如今悔恨之哀情；"倦飞"表明他厌倦了官场尔虞我诈的生活，渴望返归田园的心情。

有脚阳春

五代王仁裕《开元天宝遗事·有脚阳春》："宋璟爱民恤物，朝野归美，时人咸谓璟为有脚阳春，言所至之处，如阳春煦物也。"

宋璟（663—737 年），邢台市南和县阎里乡宋台人。少年博学多才，擅长文学。弱冠中进士，官历上党尉、凤阁舍人、御史台中丞、吏部侍郎、吏部尚书、刑部尚书等职。唐开元十七年（729 年）拜尚书右丞相。授府仪同三司，晋爵广平郡开国公，经武周、中宗、睿宗、殇帝、玄宗五帝，在任 52 年。一生为振兴大唐励精图治，终于与姚崇同心协力，把一个内忧外患的唐朝发展为政治、经济、文化、军事均处于世界领先地位的大唐帝国，史称"开元盛世"。

唐中宗时，宋璟被任命为谏议大夫。不久，他直言触怒了中宗，被贬为刺史。到地方后，他廉洁奉公，使当地民风淳朴，百姓安居乐业。

宋璟在广州任都督时，当时广东人都用茅竹建房子，经常发生大火。宋璟教他们用砖瓦盖房，减少了火灾，造福了百姓。在宋璟的治理下，唐朝出现了路不拾遗的局面。

当时人们称赞宋璟像长了脚的春天，走到哪里，就把光明和温暖带到哪里，以后用以称誉贤明的君主和官员。

回天之力

《新唐书·张玄素传》："张公论事，有回天之力。"这里面还有个故事，有一次，唐太宗下令，要把洛阳破旧的乾元殿修饰一番，以备作为巡视的行宫。对于皇帝来说，想要修整一下小小的行宫，本来是小事一桩。可是，有一个小官张玄素，却上了一道奏折，痛陈此举不妥。他说，修了阿房宫，秦朝倒了；修了章华台，楚国散了；修了乾元殿，隋朝垮了。这都是历史的教训。现在，我们唐朝百废待兴，国力哪里比得上当年的隋朝？陛下在国家的破烂摊子上，继续役使饱受战乱之苦的百姓，耗费亿万钱财，大兴土木。陛下没有继承前代帝王的长处，继承的却是百代帝王的弊端。如果从这一点看，陛下的过失远远超过了隋炀帝。这是一道笔锋犀利、击中要害的奏折。但是，小小的张玄素，竟敢把英明的君主唐太宗比作昏聩的暴君隋炀帝，冒犯天威。这不是拿鸡蛋往石头上撞么？满朝文武都为他捏一把汗。人们都在观察唐太宗的反应，假如不是唐太宗，而是别的皇帝，看到这一大不敬的奏折，当即会雷霆震怒，不仅张玄素人头落地，而且会株连九族。但是，唐太宗乃开明之主，他不仅没有怪罪张玄素，反而下令召见他。此时的唐太宗想进一步试一试张玄素的胆量，就直问道，卿说我不如隋炀帝，那么，我和夏桀、商纣相比，怎么样呢？唐太宗这样问，自有深意。不承想，这个张玄素却直截了当地答道，如果陛下真的修了乾元殿，那就和夏桀、商纣一样昏乱。听到这句答语，唐太宗不仅没有发怒，反而被深深地感动了。他想，一个小官，敢于冒死直谏，为了什么，还不是为了他的江山社稷？因此，唐太宗收回了他的谕旨，停止重修乾元殿，并且表扬了张玄素，同时给他丰厚的赏赐。对此事一直关注的魏徵，听到了这个完满的结局，颇为感触地叹道，张公论事，有回天之力，这都是因为是有高尚道德的君子说的话呀！

杞人忧天

传说古时候杞国有一个人，他每天都担心天会掉下来，地会塌下去，日月星辰会坠落下来，他常常因此愁眉不展，心惊胆寒，愁得睡不着觉，吃不下饭。杞人的一位朋友见他这样忧虑，就跑来开导他说："天不过是堆积在一起的气体罢了，天地之间到处充满了这种气体，你一举一动、一呼一吸都与气体相通。你整天生活在天地的中间，怎么还担心天会塌下来呢？"

杞人听了这番话，更加惶恐不安，忙问："如果天真的是由气体堆积起来的，那么日月星辰挂在气体的上面，难道不会坠落下来吗？"朋友答道："日月星辰也是由气体聚集而成的，只不过会发光罢了。即使掉下来，也绝不会砸伤人的"。杞人沉思了一会儿，又问："如果大地塌陷下去，那可怎么办？"朋友解释说："大地也不过是土块罢了。这些泥土、石块到处都有，塞满了每一个角落。你可以在它上面随心所欲地奔跑、跳跃，为什么要担心它会塌陷下去呢？"

经过这一番开导，杞人恍然大悟，这才放心，又快快乐乐地过日子了。

夸父逐日

《山海经·海外北经》："夸父与日逐走，入日。渴欲得饮，饮于河渭，河渭不足，北饮大泽。未至，道渴而死。弃其杖。化为邓林。"

传说远古时候，在北方荒野中，有座巍峨雄伟、高耸入云的高山。在山林深处，生活着一群力大无穷的巨人。他们的首领，是幽冥之神"后土"的孙儿，"信"的儿子，名字叫作夸父。因此这群人就叫夸父族。他们身强力壮，高大魁梧，意志力坚强，气概非凡，而且还心地善良，勤劳勇敢，过着与世无争、逍遥自在的日子。

那时候大地荒凉，毒蛇猛兽横行，人们生活凄苦。夸父为使本部落的人们能够活下去，每天都率领众人跟洪水猛兽搏斗。有一年的天气非常热，火辣辣的太阳直射在大地上，烤死庄稼，晒焦树木，河流干枯。人们热得难以忍受，夸父族的人纷纷死去。夸父看到这种情景很难过，他仰头望着太阳，告诉族人："太阳实在是可恶，我要追上太阳，捉住它，让它听人的指挥。"族人听后纷纷劝阻。有的人说："你千万别去呀，太阳离我们那么远，你会累死的。"有的人说："太阳那么热，你会被烤死的。"夸父心意已决，发誓要捉住太阳，让它听从人们的吩咐，为大家服务。他看着愁苦不堪的族人，说："为大家的幸福生活，我一定要去！"太阳刚刚从海上升起，夸父告别族人，怀着雄心壮志，从东海边上向着太阳升起的方向，迈开大步追去，开始他逐日的征程。

太阳在空中飞快地移动，夸父在地上如疾风似的，拼命地追呀追。他穿过一座座大山，跨过一条条河流，大地被他的脚步，震得"轰轰"作响，来回摇摆。夸父跑累的时候，就微微打个盹，将鞋里的土抖落在地上，于是形成大土山。饿的时候，他就摘野果充饥，有时候夸父也煮饭。他用三块石头架锅，这三块石头，就成了三座鼎足而立的高山，有几千米高。夸父追着太阳跑，眼看离太阳越来越近，他的信心越来越强。越接近太阳，就渴得越厉害，已经不是捧河水就可以止渴的了。但是，他没有害怕，并且一直鼓励着自己，"快了，就要追上太阳了，人们的生活就会幸福了。"

经过九天九夜，在太阳落山的地方，夸父终于追上了它。红彤彤、热辣辣的火球，就在夸父眼前，他的头上，万道金光，沐浴在他身上。夸父无比欢欣地张开双臂，想把太阳抱住。可是太阳炽热异常，夸父感到又渴又累。他就跑到黄河边，一口气把黄河之水喝干；他又跑到渭河边，把渭河水也喝光，仍不解渴；夸父又向北跑去，那里有纵横千里的大泽，大泽里的水足够夸父解渴。但是，夸父还没有跑到大泽，就在半路上渴死了。夸父临死的时候，心里充满遗憾，他还牵挂着自己的族人，于是将自己手中的木杖扔出去。木杖落地的地方，顿时生出大片郁郁葱葱的桃林。夸父逐日实际上是中华民族历史上的一次长距离的部族迁徙，是一次很有胆略的探险。但是，由于他们对太阳的运行和我国西北部地理状况的认识是完全错误的，最终以失败收场。夸父的失败，使远古的人们认识到征服西北的无比艰难。从此，是水，而不是战乱，决定了中华民族只能向南发展。几千年来，南方一直在移民开发，原始森林、荒芜之地不断变为繁华的城镇，而西北部至今还是地广人稀。

齐妇含冤

西汉丞相于定国的父亲，人称于公，山东省郯城县人，为县衙掌理狱讼的官吏，判断狱讼公平允当，被判的人，莫不心服口服，毫无怨恨。东海有孝妇名周青，年少守寡，没有儿子，侍奉婆婆恭敬孝顺，婆婆劝她改嫁，孝妇始终不肯，婆婆曾对邻居说："我的媳妇侍奉我孝顺勤苦，可怜她无子守寡，为了我耽误终身幸福，我年老了，长久拖累于她，心中实在不忍，不知如何是好？"于是自杀而死，其女不明实情，诬告孝妇，杀死其母，太守逮捕孝妇严加拷打审问，孝妇不堪重刑，被迫含冤认罪，狱案已成文书，送到官府，于公据理为孝妇昭雪，太守不听，于公极力争论不能得，于是抱着已成的狱案文书，痛哭于官府上。太守不理，依然判处孝妇死刑。孝妇死后，东海郡内，枯旱三年不雨，五谷不熟。后来新任太守到任，询问缘故，于公又为孝妇洗雪冤情，太守占卜得知缘故，于是亲自祭祀孝妇坟墓，并作表颂扬立碑于墓，天立时大雨，当年东海郡，便得丰收。

六月飞霜

邹衍，亦作驺衍。战国末期齐国人。战国时期，齐国有名的稷下学宫是诸子百家争鸣的重要舞台。邹衍是稷下学宫有名的学者，他知识丰富，"尽言天事"，时称"谈天衍"。传说某年春天，邹衍来到渔阳郡（今北京密云西部），见此地依然还是冬天，寒气太盛，草木不长，百姓生活很苦；邹衍上了郡城南边不远的一座小山上，吹起了律管，演奏春之曲。之后，这座小山便飘来暖风，阳光明媚，冰消雪化，树叶绿了、花儿开了，整个渔阳大地变暖。后人把邹衍吹律管的小山命名为黍谷山，山上曾建邹夫子祠，立有邹衍吹律旧地碑。

汉代王充《论衡·感虚》："邹衍无罪，见拘于燕，当夏五月，仰天而叹，天为陨霜。"《后汉书·刘瑜传》引《淮南子》说："邹衍事燕惠王，尽忠。左右谮之，王系之，（衍）仰天而哭，五月为之下霜。"邹衍尽忠于燕惠王，而被人诬陷入狱。邹衍在狱中仰天大哭，时正炎夏，却忽然降霜。后以"陨雹飞霜"指遭受冤枉和诬陷。

盛世黎民

我们常把普通老百姓叫黎民百姓，其实在古代"黎民"和"百姓"还是有区别的。当年炎帝被蚩尤所逐逃到涿鹿，求助于轩辕黄帝，并结成部落大联盟共同攻打蚩尤，虽并非人人有姓，而是一个部落只有几姓的不同氏族群团，但作为一个部落联盟，其姓也就比较可观了。古人好举成数，以百而言多，故称这种军事大联盟中的人群变为"百姓"。而将战败被俘的九黎人，则称作"黎民"，以与"百姓"相区别。是时的"百姓"与后世百姓绝不相同，而是有一定社会地位的贵族总称。如《国语·楚语》载："民之彻官百。王公之子弟之质能言能听彻其官者，而物赐之姓，以监其官，是为百姓。"而"黎民"或简称为"民"则是奴隶。他们没有家室，也无姓氏，并被刺瞎一目作为特有的标记。他们甚至可以被奴隶主用为人牲，杀死以祭神或殉葬。古时，鬲为炊器，又为葬礼中用的陪葬器皿，故"黎民"也被称作"人鬲"。如《令簋》记："姜商（赏）令贝十朋，臣十家，鬲百人。"《书·尧典》云："黎民于变时雍。"蔡沈集传："黎，黑也，民首皆黑，故曰黎民。"这里所说的"民首皆黑"，即是"墨面""黔首"之意。不过，这里应当指出：黎民可以被称作人鬲、"民首皆黑"的人，但人鬲和"民首皆黑"的人却并不等于黎民，因为，"百姓"也有犯法而沦为奴隶地位的，而奴隶中的黎民，或也会有因立功而改变地位为"百姓"的。随着时间的推移，历史的演变，百姓和黎民的差别越来越小，都成为被统治的平民。于是，将"黎民"与"百姓"联在一起，统作普通人民的一种称谓。

金城汤池

秦末，农民起义军领袖陈胜派武臣进攻赵地。范阳县（今河北定兴县一带）的蒯通去见县令徐公，说："我听说你要死了，特地前来吊丧。不过，我还要祝贺你因得了我而死里逃生。"徐公莫名其妙，问："这话从何说起？"蒯通说："你当县令十多年，不知害了多少人。现在，受害者的亲属都要我找你报仇雪恨，将你杀死。但是，陈胜的武臣不知你干过这些坏事，我准备前去见他为你通融通融。就这样对他说：范阳县令准备投降于你，你得多给他点好处，否则，别处守官就会拼命守城，'皆如金城汤池，不可攻也。'徐公投降后，如果给他很高待遇，让他到燕、赵一带活动，你就可轻取千里之地。"徐公听了，很感激蒯通。以后，陈胜派来的武臣果然采纳了蒯通的意见。后来，人们把"皆如金城汤池，不可攻也"引申为"固若金汤"，形容城池和阵地非常坚固。有时，也直接引用作"金城汤池"，喻城池、阵地不易攻破。

第二章
不要轻易放弃

没有人知道未来会发生什么，也没有人注定要失败，所以在你遇到困难、问题想放弃之前，请再试一次。我们的人生需要尝试，需要这种不轻易放弃的精神。为了取得成功，请不要轻易放弃。

沧海桑田

汉桓帝时，神仙王方平下凡到蔡经家里……一会儿麻姑也到了，蔡经全家都见到了她。她是个好姑娘，年纪十八九岁。她的衣服有彩色的花纹，不是锦绣绸缎，但光彩耀眼。她进来拜见王方平，王方平也站起来迎接她。坐好后，麻姑送上随身带来的食物，都是金盘玉杯，饭菜大多是各种花果，香气散布在室内外；麻姑接着分肉干给大家吃，样子像柏实，说是麒麟肉干。麻姑说道："从上次见面以来，已经看到东海三次变为桑田。刚才到蓬莱仙岛，见东海水又比过去浅了，计算时间大约才过了一半，难道又要变成丘陵和陆地吗？"王方平笑道："圣人都说，东海又要干涸，行将扬起尘土呢！"

"沧海桑田"原来的意思是海洋会变为陆地，陆地会变为海洋。这种"沧桑之变"是发生在地球上的一种自然现象。因为地球内部的物质总在不停地运动着，因此会促使地壳发生变动，有时上升，有时下降。挨近大陆边缘的海水比较浅，如果地壳上升，海底便会露出而成为陆地，相反，海边的陆地下沉，便会变为海洋。有时海底发生火山喷发或地震，形成海底高原、山脉、火山，它们如果露出海面，也会成为陆地。这种"沧海桑田"的变化，在地球上是普遍进行着的一种自然过程。

精卫填海

精卫是古代神话中所记载的一种鸟。相传是炎帝的小女儿，由于在东海中溺水而死，所以死后化身为鸟，名叫精卫，常常到西山衔木石以填东海。

《山海经·北山经》载："北二百里，曰发鸠之山，其上多枯木，有鸟焉，其状如乌，文首，白喙，赤足，名曰'精卫'，其鸣自詨。是炎帝之少女，名曰女娃。女娃游于东海，溺而不返，故为精卫，常衔西山之木石，以堙于东海。漳水出焉，东流注于河"。

这个故事说的是中原北边，有一座发鸠山，（今山西省东南部的长治市长子县）山上长了很多枯树。有一种鸟，它的形状像乌鸦，头部有花纹，白色的嘴，红色的脚，名叫精卫，它的叫声像在呼唤自己的名字。传说这种鸟是炎帝小女儿的化身，名叫女娃。有一次，女娃去东海游泳，被溺死了，再也没有回来，所以化为精卫鸟。经常口衔西山上的树枝和石块，用来填塞东海。浊漳河就发源于发鸠山，向东流去，注入黄河。

康庄大道

康、庄原为临淄城东西走向的两条大道。出自《尔雅·释宫》："一达谓之道路，二达谓之歧旁，三达谓之剧旁，四达谓之衢，五达谓之康，六达谓之庄，七达谓之剧骖，八达谓之崇期，九达谓之逵。"通达五个方向就叫作"康"，通达六个方向叫作"庄"，康、庄当然是道途平坦了。

西汉·司马迁《史记·孟子荀卿列传》："皆命曰列大夫，为开第康庄之衢，高门大屋，尊宠之。"康庄大道原作"康庄之衢"。稷下，是春秋时齐国都城临淄的稷门。齐国曾在此设稷下学宫，招揽文学游士数千人，成为战国时的学术中心。齐威王时，为嘉许聚集于稷下讲学议论的文学游士：淳于髡、慎到、环渊、接子、田骈、驺奭等人，被任命为列大夫，并且为他们修建高大的屋宅、平坦畅达的大路，备受尊重、恩宠。后来"康庄大道"这句成语就从这里演变而出，用来形容四通八达的大路。亦用来比喻光明的前途。

不毛之地

不毛之地，毛：地面上生长的谷物、草木。原指不种五谷的地方。后指最贫瘠的或未被开垦的地方或连草都不长的地方。出自《公羊传·宣公十二年》："锡（赐）之不毛之地。"诸葛亮的出师表："故五月渡泸，深入不毛。"

春秋末年，占据天下之中枢位置的郑国，夹在晋楚两强之间，左右为难，只能看谁的拳头硬就听谁的。公元前597年的春天，因为郑国和晋国结盟了，楚庄王就率领大军打过来了。郑国一面向晋国求救，一面拼命抵抗。楚军围攻郑国国都三个月，郑襄公看看晋国救兵还不来，看看城内已无可战之兵，已无可吃之粮，再也受不了楚庄王的拳头了，只好光了膀，左手持降旗，右手持鸾刀，打开城门投降。见了前来受降的楚庄王，郑襄公说："寡人是没有才能的边陲小臣，惹得天降大祸，让君王屈尊到了我们这个小城。君王如果能怜悯我这不祥之人，给我一块不毛之地，让我和几个老得掉牙的臣子能够安度晚年，我们将唯命是从。"

东山高卧

　　东山高卧，比喻隐居不仕，生活安闲。《晋书·谢安传》："卿累违朝旨，高卧东山。"谢安，陈郡阳夏（今河南太康）人，字安石。年余始出仕，后位至宰相。谢安少负盛名，任司徒府佐著作郎，称疾辞，后隐居会稽东山（今浙江绍兴市境内）。

　　谢安，出身士族，年轻的时候，跟王羲之是好朋友，经常在会稽东山游览山水，吟诗谈文。他在当时的士大夫阶层中名望很大，大家都认为他是个挺有才干的人。但是他宁愿隐居在东山，不愿做官。有人推举他做官，他上任一个多月，就不想干了。当时在士大夫中间流传着一句话："谢安不出来做官，叫百姓怎么办？"到了四十多岁的时候，他才重新出来做官。因为谢安长期隐居在东山，所以后来把他重新出来做官这样的事称为"东山再起"。《晋书·谢安传》："隐居会稽东山，年逾四十复出为桓温司马，累迁中书、司徒等要职，晋室赖以转危为安。"

九年水患，七年旱灾

帝尧时，中原洪水为灾，百姓愁苦不堪。鲧受命治理水患，用了九年时间，洪水未平。舜巡视天下，发现鲧用堵截的办法治水，一点成绩也没有，最后在羽山将其处死。接着命鲧的儿子禹继任治水之事。禹接受任务以后，改革治水方法，变堵截为疏导，用了十三年，三过家门而不入，才将这水灾完全消除。

汤建国不久，朝中发生了一场旱灾，旱灾一直延续了七年。在最初二年，伊尹也曾教民打井开沟，引水灌溉，但无济于事。在后五年中，灾情更加严重，河干井涸，禾苗不生，人民困苦异常。天旱本是一种自然现象，但汤认为这是上天所为。自旱灾发生后，汤就在郊外设立祭坛，每天派人举行祭祀，祈求上天除旱降雨。汤还亲自到郊外祈祷，并在上天面前反省自己执政有无过失之处。

他说："上天不降雨，是不是因为我执政有纰漏；是不是因为我对百姓失职，使百姓受到疾苦；是不是因为官吏贪污受贿；是不是因为进谗言的人多了起来；是不是因为有女性干预朝政；是不是因为我的宫室修得太大太美？"这就是有名的"成汤六问"。但是，尽管汤天天祭祀，每每自责，苦苦哀求，但上天仍然没有赐福降雨。大旱延续到第七年的时候，汤见郊祭上天也不降雨，就命人在一座林木茂盛的山上，选择了一个叫桑木的地方设了祭坛，亲自领伊尹等大臣祭祀求雨。但祭祀以后还没下雨，于是，汤就命人占卜为什么不下雨。史官们占卜后说，贡祭除了要用牛羊作牺牲外，还要用人牲。人牲，就是将活人放到柴上焚烧，让被焚烧的人上天祈求上天降雨。汤听了以后说："我祭祀，占卜求雨，本是为民，怎能用人去焚烧呢？用我来代替吧！"于是，命人架起柴来，汤将头发和指甲剪掉，沐浴洁身。汤向上天祷告，"我一个人有罪，不能惩罚万民；万民有罪，都在我一人，不要因为我一个人没有才能，而使上帝鬼神伤害万民的性命。"祷告后便坐到了柴上（有的说是头发和指甲代替其身），正要点火时，天就下起了大雨。久旱必有大雨是自然现象，但汤这种勇于牺牲的精神，受到了人们的敬佩和颂扬。

路不拾遗

路不拾遗，也作"道不拾遗"，原意是道路上有东西遗落，却没有人拾起来，占为己有。形容人民生活富裕，社会风气淳朴。出自《韩非子·外储说左上》："国无盗贼，道不拾遗。"《战国策·秦策一》："期年之后，道不拾遗，民不妄取，兵革强大，诸侯畏惧。"

春秋时，郑国政治家子产由于平定贵族旧势力的叛乱有功，成了郑国的正卿（官名）。他采取了一系列措施，促进郑国经济发展；同时还主张依法治国，制定了严厉的刑法来处置犯罪行为。因此，国内没有盗贼。由于子产把国家治理得很好，郑国富强起来了，虽然连续三年受灾，老百姓也没受冻挨饿的。

战国时期卫国人商鞅因逃难到秦国，主张法治国家，受到秦孝王的重用，他先后制定一系列新法，废除维护贵族特权的旧法，主张法律面前人人平等，执法严明，不徇私情。经过一段时间，秦国社会安定，夜不闭户，道不拾遗，国力强盛。

第三章
成功没有捷径

成功人士必定都是勤奋的。因此，勤奋的故事才会信手拈来。成功没有捷径，唯有勤奋而已。所有的人都盼成功，但是并不是每个人都会为走向成功全力以赴。人们在渴望成功的同时，也渴望能够少一分努力，多一分收获。

驯雉之异

鲁恭字仲康，扶风平陵人。他的祖先是鲁顷公，被楚国灭亡后，迁居到下邑，因此姓鲁。祖父叫鲁匡，王莽时担任羲和的官职，有机智善变的能力，被称为"智囊"。他的父亲，在建武初年，担任武陵太守，死在官任上。当时鲁恭十二岁，弟弟鲁丕七岁，兄弟俩整天整夜号哭不停，郡里赠送的财物一概没有接受，办完了丧事，礼数比成年人还要周到，乡里人都啧啧称奇。十五岁的时候，和母亲及弟弟都住在太学里面，学习《鲁诗》，闭门诵读，远离与自己无关的事，兄弟俩都受到儒生们的称赞，在学之士都争着归附他们。

太尉赵憙仰慕他们的志向，每年时常派儿子送酒和粮食给他们，他们都推辞不接受。鲁恭同情鲁丕年龄小，想先成就他的名声，推托生病不做官。州郡多次以礼相邀，他都谢绝不肯答应，母亲再三强求，鲁恭迫不得已才西行，到新丰做了教授的学官。建初初年，鲁丕考取了秀才，鲁恭才做了郡县的官吏。

赵憙又举荐鲁恭，在公车署里等待皇帝的诏令，被授予中牟令的官职。鲁恭一直把道德教化作为政理，不施用刑罚。许伯等人为田产打官司，多位太守和县令都不能决断，鲁恭替他们分析是非曲直，许伯等人都回家自我检讨，停止耕种相互谦让。亭长放纵他人借牛却不肯归还，牛主人告到鲁恭那里。鲁恭召来亭长，再三责令他归还他人之牛，还是不肯听从。鲁恭叹息说："这是教化不能施行啊。"要解开印绶辞官离去。掾吏们哭着挽留他，亭长感到惭愧后悔，归还了人家的牛，到刑狱接受处罚，鲁恭宽恕了他不再追究，于是官吏们很是信服他。建初七年，郡县蝗虫危害庄稼，犬牙相错环绕县界，就是不进入中牟县。河南尹袁安听说后，怀疑这件事的真实性，派仁恕掾肥亲前去察看。鲁恭随行田间，一起坐在桑树下休息，有一只雉鸟飞过，停留在他们身边。旁边有个小孩，肥亲问他："你为什么不捕捉雉鸟？"小孩说："它将要生小鸟（不能害它）。"肥亲惊讶地站起身，和鲁恭诀别说："我之所以要来，是要看看你为政的情形。现在虫害不侵犯边境，这是第一个特异之处；德化能及于禽兽，这是第二个特异之处；小孩子有仁爱之心，这是第三个特异之处。我再长时间逗留，只会是干扰贤能之人了。"回到府衙，把情况详细禀报袁安。鲁恭在位三年，适逢母亲去世，辞官，官吏百姓都很想念他。

后来，鲁恭被授予《鲁诗》博士，从此到他家求学的人一天比一天多。后又升任为侍中，皇上多次召见，向他询问政事得失情况，得到的赏赐恩遇礼节宠爱非同一般。又升任乐安相。当时，东州一带有许多盗贼，他们一同劫掠百姓，各郡县都深感忧虑。鲁恭到任后，加重悬赏，广施恩信，盗贼的统帅张汉等人带着党羽前来归降，鲁恭上书朝廷任命他们为汉地博昌县的县太尉，其余的盗贼就进行捕杀，全部击破平定了盗贼，州郡于是得以安宁。

鲁恭在公爵之位，选拔征召才学优良者，大到各级卿相，小到郡守多达几十人。那些年高而久负声望的大族，有的没能得到举荐，因而心有怨愤责备。鲁恭听说后，说："学问不勤于研习，这是我所忧虑的啊。诸生（如能勤于研习）不是还有乡里可以推举吗？（哪里还要待三公征辟呢？）"最终没有人再说三道四。鲁恭性情谦恭礼让，奏议依据经书，对治理国家大有益处，但他始终不显耀自己，所以不因刚直著称。后因年老多病上书请求辞官。八十一岁，在家中去世。

竹马之迎

郭汲，字细侯，汉光武帝时期扶风茂陵人（今陕西省兴平东北人），官至大司空、太中大夫。

他一贯注重恩德，为人讲究信用，做事多次获得成功，颇受称赞。他做官，在当时声誉很好。

他做并州牧时，到任不久巡行部属，到西河郡美稷县（故城在今内蒙古准格尔旗之北），当地的孩子们闻讯后，自发地聚集到一起去欢迎他。场景特别壮观，几百儿童，各骑着竹马，在道旁拜迎。

郭汲不知情，就问："孩子们自己远来，这是为何呀？"

孩子们回答说："听说使君来到，很高兴，我们特来欢迎！"

郭汲闻言赶忙下马，一一答谢。

在美稷县办完事后，孩子们又闻讯赶来送郭汲直到城郭外，并问他什么时候返回。

郭汲立即让从事（官名，类似于今天的随行秘书）计算返程的日期，并告诉了那些孩子们。

由于事情办得十分顺利，返回美稷县的日子比预期早了一天，但为了不失信于孩子，郭汲下令在县城外的野亭露宿一晚，等到第二天才入城。

可见，诚信乃为人之根本，无论大事小情都应以诚为先。郭汲并没有因为面对的是一群孩子就不认真对待：首先当孩子们问何时返回时他不是随便估计，而是让从事计算后郑重告知；最后当他因为事情顺利而能提前返城时，却又因为和孩子有约在先而露宿野亭，第二天才进城。

郭汲诚信的行为使他受人尊重，名扬天下，连小小孩童都如此景仰，可见诚信不仅能修身养性同时还能赢得赞誉，沽名钓誉的行为是为人所不齿的。

万家生佛

宋朝时期，宋鲜于子骏被任命为京东路转运使，临行前，司马光说："福星去了，如能有一百个子骏在各地就好了。"于是人们就说他是"一路福星""福星一路之歌谣，生佛万家之香火"，称赞他是受百姓爱戴的地方官。

司马光，北宋时期著名政治家，史学家，散文家。北宋陕州夏县涑水乡（今山西运城安邑镇东北）人，字君实，号迂叟，世称涑水先生。司马光生于宋真宗天禧三年（1019年）十一月，当时，他的父亲司马池正担任光州光山县令，于是便给他取名为"光"。司马光自幼嗜学，尤喜《春秋左氏传》。其所主持编写的《资治通鉴》成书于宋神宗元丰七年，是我国第一部编年体通史，记叙战国周威烈王二十三年（公元前403年）至五代后周世宗显德六年（959年）共一千多年的历史，分周、秦、汉、魏、晋、宋、齐、梁、陈、隋、唐、后梁、后唐、后晋、后汉、后周十六朝，内容以叙政治、军事为主，旨在为统治者提供国家治乱兴衰的借鉴。

哲宗元祐元年（1086年），司马光逝世，终年六十七岁。太皇太后听到消息后，和哲宗亲自去吊唁，追赠司马光为太师、温国公，谥号"文正"，赐碑"忠清粹德"。京城的百姓听到噩耗，都停工前往吊祭；岭南封州的父老乡亲，也都备办祭祖；都城和周围地区都画了司马光的遗像祭祖，吃饭时必定为之祈祷。

反风灭火

反风灭火：比喻施行德政。出处《后汉书·儒林传上·刘昆》："诏问昆曰：'前在江陵，反风灭火，后守弘农，虎北渡河，行何德政而致是事？'昆对曰：'偶然耳。'左右皆笑其质讷。帝叹曰：'此乃长者之言也。'"刘昆为江陵令，县多火灾，昆向火叩头，多能降雨止风；后为弘农太守。先是崤黾驿道多虎穴，行旅不通。昆为政三年，仁化大行，虎皆负子渡河，光武帝闻而异之，以为德政。

西汉宣帝刘询即位之初，渤海郡一带连年灾荒，盗贼蜂起，原太守无法控制局面。丞相推荐龚遂接任。宣帝召见龚遂问道："渤海的盗贼，有什么办法平息呢？"

龚遂没有正面回答，只是说："这块地方远在海滨，朝廷的教化达不到，百姓挨饿受冻，官吏又毫不体恤。陛下，我打个比方，你的孩子们活不下去，万不得已偷了你的兵器，去争抢食物，那么，陛下你是要我杀死这些孩子呢，还是给他们饮食？"

宣帝很受感动："我挑选贤明的太守，就是要百姓过上安宁的日子。"

于是龚遂提出自己的想法："治理乱民，好比理乱丝，急不得，只能慢慢来。我只要求一条：朝廷不要给我规定条款，一切由我安排，陛下意下如何？"宣帝马上答应了。

龚遂上任伊始，便给各县发出命令："以前追捕盗贼的官员，一律撤掉，另有任用。扛锄头、拿镰刀、背农具的人，都是百姓，不许阻拦盘查。"同时，他又打开国家仓库，救济贫苦百姓。于是社会秩序很快稳定下来，社会风气也逐渐好转。

当地人素爱商业经营和从事手工艺，不愿种田，粮食自然紧张。为倡农耕，龚遂亲自下田耕作，作出榜样。同时号召每家每户养牲畜，种树苗。每个成年人种榆树一棵，大蒜一百棵，葱五十棵，韭菜一垅；每家养母猪三头，鸡五只。

他平时经常下乡和百姓交谈，看到有人背刀剑，马上劝导，要他卖掉这些玩意，去买牛犊。他幽默地向这些乡民说："你身上背着刀剑，不就是背着牛犊吗？牛犊几百斤、上千斤重，压得死人，佩带它干什么？"

几年后，渤海郡家家富足，夜不闭户，百姓都过上了太平日子。于是，"带牛佩犊""卖刀买牛"也就成了有名的典故。

兵机莫测

司马穰苴，生卒年不详，姓田，名穰苴，春秋时期齐国人，是齐景公时掌管军事的大司马，所以后人称他为司马穰苴，也是我国早期著名的军事家、军事理论家。

司马穰苴是田完的后代。司马穰苴所在的齐国，是太公吕尚的封国，后来又吞并了莱国，土地扩至千里，公元前685年至公元前643年齐桓公

在位时，国力强盛，成为中原第一个霸主。齐桓公死后，齐国内部矛盾加剧，国力稍减，失去了霸主地位。

齐景公时，晋国派军侵入齐国的阿（今山东省西部东阿县）、甄（今山东省甄城县的济阴）地区，燕国军队也同时乘隙攻入齐国河上（故黄河南岸地区）之地，齐国守军屡屡败退。军事上的失利，使齐景公深为忧虑。为了扭转败局，急需选拔和任用智勇双全的将领。当时担任相国的晏婴，向齐景公推荐了司马穰苴。晏婴说穰苴系田氏远族子孙，其人很有才能，长于谋划，且熟知兵法，"文能服众，武能威敌"，如以他为将，必能改变目前的形势。齐景公听了晏婴的介绍，立即召见司马穰苴，请他谈了有关治军、用兵的方略和法则。司马穰苴在军事上的杰出见解，赢得了齐景公的赞赏，遂拜他为大将，命他率军抵御晋国和燕国的军队。穰苴说："我的身份一贯卑贱，你把我从乡里中提拔起来，位在大夫们之上，士卒还不拥护，百姓还不信任，人微权轻。我想请你选派一个亲近的大臣，又在全国享有威信的人做我的监军，这样才好。"景公允许了，就派自己的亲信大夫庄贾担任监军。

穰苴辞别景公，率军出发前，司马穰苴对庄贾说："明天就要点兵出发，请监军中午准时在军营会齐。"第二天司马穰苴提前来到军营，叫军士立起标杆，以测量太阳的影子，记录时辰。

庄贾是齐景公宠臣，一贯骄傲自大，以为统率的是自己的军队，而自己又是监军，所以不急不忙。只顾与为他送行的同僚、亲友饮酒行乐，根本没把集合报到的命令和司马穰苴放在眼里。日至中午，庄贾还未到。穰苴就命令放倒木表，停掉"滴漏"，进入军营调度部署军队，申明军纪法令。一切规定完毕，已到黄昏，这时庄贾才到。穰苴问他："为什么迟到？"庄贾抱歉地说："我因为大夫们和亲戚来相送，就耽误了时间。"穰苴说："将帅受领任务时，就该忘记家庭；置身军队，受军纪约束时，就该忘记亲人；击鼓指挥军队作战时，就该有忘我的精神。如今敌军深入国境，举国骚动。士卒风餐露宿于边境，国君寝食不安，百姓的命运，都操在你的手里，怎么还去谈什么送行呢？"于是召来军法官问道："按军法误了规定时限而迟到的，该怎么处理？"军法官说："应该斩首。"庄贾害怕了，急忙派人飞马急报齐景公，请景公救他。他派去的人，还未回来，穰苴就把庄贾斩了，在军中示众。全将军士都大为惊惧。过了些时候，齐景公派的使者拿着符节来赦庄贾。由于事急，齐景公使臣竟驱车直入军中，司马穰苴高声问军法官："在军营里驾车横冲直撞的，应当如何处治？"回答："当斩"。来使大惧，恳求饶命。司马穰苴说："既是国君派来的使者，可以不杀，但必须执行军纪。"于是命令军士把车拆了，把马砍了，以示三军。从而，一扫齐军疲敝之风，使军威大振。

司马穰苴整军之后，齐军面貌立刻改观，成了纪律严明，军容整肃，令行禁止，悉听约束的能战之师。然后，他立即率师出发，奔赴前线。在军旅中，他对士卒们的休息、宿营、掘井、修灶、饮食、疾病、医药，都亲自过问和安抚，把供给将军的全部费用和粮食，都用以犒赏士卒，自己与士卒吃一样的伙食，对体弱士卒特别亲近，很快就取得了将士们的信任。三天后部署调整军队时，病兵都要求同行，士卒都争着奋勇参战。晋军得知这个消息，就撤兵走了。燕军得知这个消息，也回渡黄河取消了攻齐计划。司马穰苴率齐军乘势追击，歼灭部分敌军，全部收复了已失去的齐国城邑和土地，然后率兵回来。未到国都就解散军队，废除军令，誓盟之后进入城邑。齐景公和诸大夫都到城郊迎接，举行慰劳部队的仪式后回到住所。随后接见穰苴，提升为掌管全国军事的大司马。田氏家族在齐国也日益受到尊敬。

以后，齐国大夫鲍氏、高子、国子之辈陷害穰苴，在齐景公那里进谗言，景公罢了穰苴的官。穰苴离职后一心撰写兵书战策，不久病发而死。田乞、田豹等由此怨恨高子、国子等。其后田常杀了简公，尽灭高子、国子的家族，直到田和自立为齐君。

他的孙子为齐威王（公元前378年—公元前320年）。齐威王命大夫们追论古时的《司马兵法》，并将他的遗著附在其中，称《司马穰苴兵法》，后世称之为《司马法》。《汉书·艺文志》记载为10篇，《隋书·经籍志》和《唐书·经籍志》都注为3卷，而今本只有5篇：仁本、天子之义、定爵、严位、用众，其核心思想是治军以"仁、义、礼、让"为本。书中论述了统率军队和指挥作战的经验以及指挥员应具备的条件。同时也反映出春秋战国时期的某些军事制度和战争观点。它是我国古代战争实践经验的理论概括，也是早期兵法理论的继承和总结，历来为兵家所重视。

三韬六略

古代没有《三韬六略》这本书，这个名字来源于《三略》和《六韬》两本书。以后用"三韬六略"泛指兵书，以至大家误认为这是一本书。

《三略》（《黄石公三略》），传说是汉初黄石公（又称圯上老人）所著，传授给张良的。《史记·留侯世家》有"张良尝闲步游下邳，有一老父……出一编书曰：'读此书则为王者师……'旦视其书，乃《太公兵法》也"的记载。但据《汉书·艺文志》说："汉兴，张良、韩信序次（整理）兵法，几百八十二家，删取要用，定著三十五家……至于孝成（汉成帝）命任宏论次兵书为四种（兵权谋、兵形势、兵阴阳、兵技巧）。"班固、班昭根据这些写成《汉书·艺文志·兵家》，其中并无《三略》一书著录。查《汉书》成书于东汉和帝年间。可见在东汉中叶以前并没有《三略》这个书名。东汉末年建安年间，陈琳（？—217年）在《武军赋》中始提到"……三略六韬之术"。魏明帝时,李康《运命论》始有"张良受黄石公之符,诵《三略》"之说。东晋末年,李暠为西凉公,征刘昞为儒林祭酒从事郎中,刘昞,曾注《黄石公三略》流行于世(见《北史》三十四卷,魏书五十二卷)。《隋书·经籍志》始著录《黄石公三略》三卷。题下邳神人撰。书中自称"《三略》为衰世作"(见《下略》)。因此《三略》的成书时间大约在东汉末年至魏、晋时期。

《三略》一书杂采儒家的仁、义、礼,法家的权、术、势,墨家的尚贤,道家的重柔,甚至还有谶纬之说。全书讲政治策略手段较多,而直接讲军事的反而较少。

《三略》是中国古代第一部专讲战略的兵书,以论述政治战略为主,兼及军事战略。该书问世以来,受到历代政治家、兵家和学者的重视。南宋晁公武称其:"论用兵机之妙、严明之决,军可以死易生,国可以存易亡。"该书还先后传入日本和朝鲜,并产生了相当大的影响。

《六韬》通过周文王、武王与吕望的对话,论述治国、治军和指导战争的理论、原则,是一部具有重要价值的兵书,对后世产生了重大影响,受到历代兵家名将的重视,司马迁《史记·齐太公世家》称:"后世之言兵及周之阴权。皆宗太公为本谋。"北宋神宗元丰年间,《六韬》被列为《武经七书》之一,为武学必读之书。《六韬》在国外也有深远影响,16世纪传入日本,18世纪传入欧洲,现今已被翻译成日、法、韩、越、英、俄等多种文字。

毛遂自荐

战国时，秦军在长平一线大胜赵军。秦军主将白起，领兵乘胜追击，包围了赵国都城邯郸。

大敌当前，赵国形势万分危急。平原君赵胜，奉赵王之命，去楚国求兵解围。平原君把门客召集起来，挑选文武全才一起去。经过挑选，最后还缺一个人。门下有一个叫毛遂的人走上前来，向平原君自我推荐说："听说先生将要到楚国去签订'合纵'盟约，约定与门客二十人一同前往，而且不到外边去寻找。现在还少一个人，希望先生就以毛遂凑足人数出发吧！"平原君说："先生来到赵胜门下几年了？"毛遂说："三年了。"平原君说："贤能的人处在世界上，好比锥子处在囊中，它的尖梢立即就要显现出来。现在，你处在赵胜的门下已经三年了，左右的人对你没有称道，赵胜也没听到赞语，这是因为先生没有什么才能的缘故。所以先生不能一道前往，请留下！"毛遂说："我不过今天才请求进到囊中罢了。如果我早就处在囊中的话，就会像锥子那样，整个锋芒都会露出来，不仅是尖梢露出来而已。"平原君终于与毛遂一道前往。

到了楚国，楚王只接见平原君一个人。两人坐在殿上，从早晨谈到中午，还没有结果。毛遂大步跨上台阶，远远地大声叫起来："出兵的事，非利即害，非害即利，简单而又明白，为何议而不决？"楚王非常恼火，问平原君："此人是谁？"平原君答道："此人名叫毛遂，乃是我的门客！"楚王喝道："赶快退下！我和你主人说话，你来干嘛？"毛遂见楚王发怒，不但不退下，反而又走上几个台阶。他手按宝剑，说："如今十步之内，大王性命在我手中！"楚王见毛遂那么勇敢，没有再呵斥他，就听毛遂讲话。毛遂就把出兵援赵有利楚国的道理，作了精辟的分析。毛遂的一番话，说得楚王心悦诚服，答应马上出兵。不几天，楚、魏等国联合出兵援赵，秦军撤退了。平原君回赵后，待毛遂为上宾。他很感叹地说："毛先生一至楚，楚王就不敢小看赵国。"

成语"毛遂自荐"就由此而来，比喻不经别人介绍，自我推荐担任某一项工作。

风声鹤唳

383年，前秦皇帝苻坚组织百万大军，南下攻打东晋。东晋王朝派谢石为大将，谢玄为先锋，带领8万精兵迎战。

苻坚认为自己兵多将广，有足够的把握战胜晋军。他把兵力集结在寿阳（今安徽寿县）东的淝水边，等后续大军到齐，再向晋军发动进攻。

为了以少胜多，谢玄施出计谋，派使者到秦营，向秦军的前锋建议道："贵军在淝水边安营扎寨，显然是为了持久作战，而不是速战速决。如果贵军稍向后退，让我军渡过淝水决战，不是更好吗？"秦军内部讨论时，众将领都认为，坚守淝水，晋军不能过河。待后续大军抵达，即可彻底击溃晋军。因此不能接受晋军的建议。

但是，苻坚求胜心切，不同意众将领的意见，说："我军只要稍稍后退，等晋军一半过河，一半还在渡河时，用精锐的骑兵冲杀上去，我军肯定能大获全胜！"

于是，秦军决定后退。苻坚没有料到，秦军是临时拼凑起来的，指挥不统一，一接到后退的命令，以为前方打了败仗，慌忙向后溃逃。谢玄见敌军溃退，指挥部下快速渡河杀敌。秦军在溃退途中，丢弃了兵器和盔甲，一片混乱，自相践踏而死的不计其数。那些侥幸逃脱晋军追击的士兵，一路上听到呼呼的风声和鹤的鸣叫声，都以为晋军又追来了，于是不顾白天黑夜，拼命地奔逃。就这样，晋军取得了"淝水之战"的重大胜利。这也是"风声鹤唳"的典故来源。

大树将军

中国历史上从来不乏有特色的将领，他们往往都有自己的绰号，比如"常胜将军""威武将军""飞将军"……可是有一位却被叫作"大树将军"。他就是东汉光武帝刘秀麾下、"云台二十八将"之一的冯异。

原来，当年跟随刘秀的开国名将有二十八位，号称"云台二十八将"。征战间隙，诸将常常聚在一起聊天，话题无非是自述战功，胡吹乱侃。每当众将争功论能之时，冯异总是一个人默默地躲到大树下面。于是，士兵们便给他起了个"大树将军"的雅号。

"真将军"周亚夫

汉文帝继位之后第六年，匈奴大举侵入边境。朝廷于是让宗正刘礼做将军，驻军霸上；让祝兹侯徐厉做将军，驻军棘门；让河内太守周亚夫做将军，驻军细柳防备匈奴。

皇帝亲自慰劳军队。来到灞上和棘门军营，皇帝车马径直驰进军营，（两军的）将领及其下属都骑着马迎送。随后皇上的军队到细柳军营，细柳军营的军士官吏身披铠甲，拿着锋利的刀，拉开弓弩，拉得满满的，戒备森严。天子的先头卫队到了，不能进入军营。先头卫队说："天子将要到了。"军营门的军官说："将军命令说：'军队中听将军命令，不听天子的诏令。'"过了不久，皇帝到了，又不能进入。于是皇帝就派使臣拿着符节下诏令给周将军："我想要进军营慰劳军队。"周亚夫才传话打开营门。营门的军官对跟随的车马上的人说："将军规定，军营中不能驱马快跑。"于是天子就控制马缰绳慢行。到了营中，将军周亚夫手执兵器行礼说："穿戴铠甲头盔的军人不行跪拜之礼，请求用军礼拜见。"天子被感动了，在车上俯身扶着车前的横木。皇帝派人告诉说："皇帝尊敬地慰劳将军。"完成礼仪就离开了。

出了军营门以后，大臣们都很惊讶。汉文帝说："哎呀！这才是真正的将军啊！先前灞上、棘门军营，像儿戏罢了，那些将军一定会被袭击然后被俘获。至于周亚夫，难道能够侵犯他吗？"汉文帝连连称赞。

投鞭断流

据北魏崔鸿《前秦录》载，东晋孝武帝太元年间，前秦苻坚统一北方后，决心调集百万大军，乘势一举消灭东晋，统一全中国。苻坚召集群臣商议，但大臣们多不赞成，其中有一位名叫石越的下属劝阻说："从星象来看，今年不适合南进。何况晋据长江的险固，其君王又深获人民拥戴。我们不如暂时固守国力，生产整军，等晋内部松动，再伺机攻伐。"苻坚很不以为然地说："星象之事，不尽可信。至于长江，春秋时的吴王夫差和三国时的吴主孙皓，他们都据有长江天险，最后仍不免灭亡。现在朕有近百万大军，光是把马鞭投进长江，就足以截断江流，还怕什么天险？"苻坚不顾大臣们反对，执意出兵伐晋，亲自率领八十万大军，逼临淝水，准备攻打东晋。东晋派大将谢玄、谢石带领八万精兵抗敌。苻坚轻敌，想凭借优势快攻，却遭到晋军顽强抵抗，并在淝水被晋军打败，前秦从此一蹶不振。

后来"投鞭断流"这句成语，就从原文中"吾之众投鞭于江，足断其流"演变而出，用来比喻军旅众多，兵力强大。

胯下之辱

淮阴有一个年轻的屠夫,依仗人多势众,他侮辱韩信,说道:"你的个子比我高大,又喜欢带剑,说明内心是很懦弱的啊。假如你不怕死,那就刺死我;不然就从我的胯下爬过去。"韩信注视他一会儿,俯下身子从对方的胯下爬过去。集市上的人都讥笑他,以为韩信的胆子真的很小。

张良捡鞋

张良椎击秦王未遂,被悬榜通缉,不得不埋名隐姓,逃匿于下邳(今江苏睢宁北),静候风声。一天,张良闲步沂水圯桥头,遇一穿着粗布短袍的老翁,这个老翁走到张良的身边时,故意把鞋脱落桥下,然后傲慢地差使张良道:"小子,下去给我捡鞋!"张良愕然,但还是强忍心中的不满,违心地替他取了上来。随后,老人又跷起脚来,命张良给他穿上。此时的张良真想挥拳揍他,但因他已久历人间沧桑,饱经漂泊生活的种种磨难,因而强压怒火,跪于前,小心翼翼地帮老人穿好鞋。老人非但不谢,反而仰面长笑而去。张良呆视良久,只见那老翁走出里许之地,又返回桥上，对张良赞叹道："孺子可教矣。"并约张良五日后的凌晨再到桥头相会。张良不知何意，但还是恭敬地跪地应诺。

五天后，鸡鸣时分，张良急匆匆地赶到桥上。谁知老人故意提前来到桥上，此刻已等在桥头，见张良来到，愤愤地斥责道："与老人约，为何误时？张良，五日后再来！"说罢离去。第二次，张良又晚老人一步。第三次，张良索性半夜就到桥上等候。他经受住了考验，其至诚和隐忍精神感动了老者，于是送给他一本书，说："读此书则可为王者师，十年后天下大乱，你可用此书兴邦立国，年后再来见我。"说罢，扬长而去。这位老人就是传说中的神秘人物——隐身岩穴的高士黄石公，亦称"圯上老人"。

张良惊喜异常，天亮时分，捧书一看，乃《太公兵法》（此名为讹传，实为《素书》）。从此，张良日夜研习兵书，俯仰天下大事，终于成为一个深明韬略、文武兼备、足智多谋的"智囊"。秦二世元年（公元前209年）七月，陈胜、吴广在大泽乡揭竿而起，举兵反秦。紧接着，各地反秦武装风起云涌。矢志抗秦的张良也聚集了多人，扯起了反秦的大旗。后因自感身单势孤，难以立足，只好率众往投景驹（自立为楚假王的农民军领袖），途中正好遇上刘邦率领义军在下邳一带发展势力。两人惺惺相惜，张良多次以《太公兵法》言于刘邦，刘邦多能领悟，并常常采纳张良的谋略。于是，张良果断地改变了投奔景驹的主意，决定跟从刘邦。作为士人，深通韬略固然重要，但施展谋略的前提是要有善于纳谏的明主。这次不期而遇，张良"转舵"明主，反映了他在纷纭复杂的形势中清醒的头脑和独到的眼光。从此，张良深受刘邦的器重和信赖，他的聪明才智也有机会得以充分的发挥。

第四章
别让利益蒙蔽了双眼

利益是法学中的一个基本范畴。所谓利益,就是受客观规律制约的,为了满足生存和发展而产生的,人们对于一定对象的各种客观需求。然而,利益不是生活的一切,不要被眼前的利益所迷惑。

樊哙屠狗

关于樊哙，《史记》中樊哙屠狗只有寥寥几笔——"舞阳侯樊哙者，沛人也。以屠狗为事，与高祖俱隐"。至于是怎样的"屠狗为事"，司马迁却没有说。

其实，在樊氏家族内部，樊哙屠狗的故事要丰满得多。现在我们且听樊哙的后代樊宪涛的演绎："我先祖樊哙当年就在我们的老县城那一带经营狗肉生意，泗水亭长刘邦爱吃我先祖做的狗肉，但他没有钱，常常是白吃。我先祖不好意思和他计较。可是不计较生意就要赔本，所以他后来就躲着刘邦。但刘邦总是穷追不舍，追上了，我先祖就得给他吃。有一天我先祖挑着担子渡过泗水河，到东岸的夏阳镇去卖货。刘邦来到县城的集市找不到我先祖，急得不行，就四处打探，后来有人告诉他说樊哙到河东去了。刘邦就来到泗水河岸，可是他没有钱，摆渡的不肯为他撑船。正在犯难，河里游来一只老龟，有桌面那么大。刘邦对老龟说我是刘邦，我要渡河，你能驮我过去吗？那老龟听了，就主动游到岸边来。这样，刘邦就踩着老龟过了河。刘邦来到夏阳镇，找到我先祖，我先祖一愣，就切给他一块狗肉，刘邦也不多说坐在地上就吃。我先祖知道刘邦没有钱，就问他是怎么过的河？刘邦说是有个老龟驮过来的。我先祖在第二天又来到河边，他这回带来了绳子和刀，他对河里喊，老龟老龟我是刘邦，我要过河。老龟不知真假就游了过来。我先祖一甩绳子就把老龟套了上来，三下两下就把老龟杀了。把龟肉拿到家里放到锅里和狗肉一起煮。煮着煮着，我们家的房子就被人们围住了，我先祖没出门，狗肉就卖光了。先祖一想可能是龟肉在里面起了作用。这样，他就保存了这锅汤继续用来煮狗肉。刘邦听说老龟被我先祖杀了，气冲冲地找上门大骂，并且没收了先祖的刀。后来我家先祖卖狗肉就不用刀，而改用手撕，以后我们樊家卖狗肉就一直是用手撕。为了保住那锅老汤，我先祖就用汤和土脱成坯晒干，煮狗肉的时候掰一块泡在水里沉淀，然后把水放到锅里。从那时到现在，我们樊家的狗肉一直是这样的做法。"

弑父自立

隋文帝有五个儿子，其中太子杨勇因为生活奢侈，渐渐失去隋文帝的欢心。二儿子杨广为夺取太子之位，就加紧活动起来。

杨广知道父皇提倡节俭、反对奢侈，在进宫拜见父皇时，就脱下华贵的衣衫，穿上不那么显眼的衣服；父皇要来晋王府，他把那些打扮得花枝招展的姬妾锁进密室，叫其他王府成员一律穿上粗布衣裙。他还吩咐下人，将蒙上灰尘、缺胳膊少腿的破烂乐器，摆放在显眼的地方，以此向父皇暗示：杨广不是一个喜欢声色的浪荡公子。

独孤皇后不喜欢太子杨勇，而隋文帝对皇后又是言听计从，杨广就想尽办法去讨皇后的欢心。他经常进宫向皇后嘘寒问暖。对皇后身边的人，不管职位高低，杨广总是那么和蔼谦恭、彬彬有礼；如果他们来到晋王府，杨广夫妇一定要热情招待，送礼送物。

有一次，杨广离开长安回扬州，去向皇后道别时，他装出一副可怜相，哭哭啼啼地舍不得走，编造谎言说太子要杀害他。皇后从身边人的口中知道，杨广为人质朴厚道，太子杨勇居然要害他，简直叫人不能容忍。皇后废除太子的决心更坚定了。丞相杨素是隋文帝身边的重要人物，杨广要当太子，没有杨素的支持是万万不能的。于是，杨广费尽心机结交杨素。杨素权衡利害后，也倒向杨广一边。

在皇后和杨素的努力下，600年，隋文帝正式废除太子杨勇，立杨广为太子。604年夏初，隋文帝重病卧床，杨广万分高兴，迫不及待写好了继位诏书，而且还调戏父皇的宠妃。这些被隋文帝知道后，想再次废立太子，但已经晚了。杨广率军冲进皇宫，包围了隋文帝住的地方，派人杀死了隋文帝，喷涌的鲜血染红了床边的屏风。接着，杨广又派人杀死了他的哥哥杨勇。

仁寿四年七月，杨广登上皇位。他就是中国历史上有名的昏君隋炀帝。

遇贼争死

在汉朝的时候，有一个叫赵孝的人，字常平。他有一个弟弟叫赵礼，兄弟两个人相处得十分友爱。

有一年，由于收成不好，粮食减产歉收，饥荒严重，社会治安也很混乱。

这一天，空中乌云密布，天色显得十分昏暗。一阵狂风过后，人们的心头仿佛都有一种不祥之兆。果然，一伙强盗突然占据了宜秋山，开始四处抢掠，百姓们都慌忙逃命，因为在这种严重的饥荒灾区，饥饿已经使强盗们失去了理性，甚至连吃人的事情也有所耳闻。

强盗们在老百姓的家中大肆搜寻一阵，见找不出多少食用的粮食和换钱的东西，一怒之下，他们就只好抓人，恰好把弟弟赵礼给捉走了。

赵礼身体瘦弱，但是穷凶极恶的强盗们也不肯放过他，将他五花大绑捆起来后，系在一个树上，然后在旁边架起炉灶生起火来，开始烧水，准备拿赵礼来充饥。

哥哥赵孝虽然幸运地躲过了这一劫，却找不到弟弟。他心急如焚，四处打听，得知有人亲眼看见赵礼被强盗抓走了。

弟弟被掠走的消息让赵孝心如刀割。他焦急地想："我该怎么办？要是弟弟有个三长两短，可怎么对得起父母啊！我这个做哥哥的又怎么能再活在这个世上？弟弟是同胞骨肉，哪怕赔上自己的性命，我也要救出他。"想到这里，赵孝下定了决心，循着强盗撤离的方向奔过去。

由于赵孝救弟弟心切，马不停蹄，所以很快就赶到了强盗那里，见到了被捆绑的弟弟，同时也看到旁边有一锅正呼呼冒着热气的开水。弟弟赵礼见哥哥来了，先是一阵惊喜，随后马上就哀叹起来，埋怨哥哥说："哥哥呀！您怎么可以到这个地方来！这不是白白送死来了吗？"

此时赵孝也顾不上与弟弟搭话，就冲到强盗的面前，哀求强盗说："我弟弟是一个有病的人，而且身体也很瘦弱，他的肉一定不好吃，请你们放了他吧！"

强盗们一听大怒，气汹汹地对赵孝说："放了他，我们吃什么？"赵孝听强盗这样一问，就赶紧说："只要你们放了赵礼，我愿意用自己的身体给你们吃，况且我的身体很好，没有病，还很胖。"

强盗们听了赵孝这番话，一下子都愣住了，他们没想到天下还有这样甘愿送死的人，相互震惊地对视着。

这时，就听见赵礼在旁边大声地喊："不行！不可以那样做的！"边上

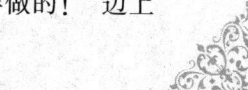

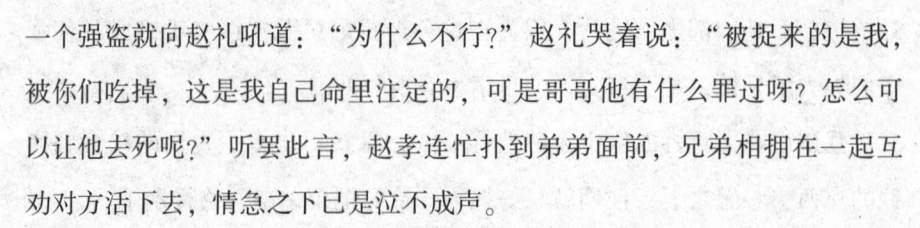

一个强盗就向赵礼吼道:"为什么不行?"赵礼哭着说:"被捉来的是我,被你们吃掉,这是我自己命里注定的,可是哥哥他有什么罪过呀?怎么可以让他去死呢?"听罢此言,赵孝连忙扑到弟弟面前,兄弟相拥在一起互劝对方活下去,情急之下已是泣不成声。

这些无恶不作的强盗们,听着兄弟互相争死的话语,望着手足之间舍身相救的场面,被深深震慑住了。他们那冰封已久的恻隐之心,被这人间真情真义的感人场面唤醒了,也都不免淌下了热泪。旋即,他们无声地放走了兄弟两人。

后来,这件事辗转传到了皇帝那里,皇帝是一个深明仁义道德之君,不仅下诏书,封了兄弟二人官职,而且把他们以德感化强盗的善行,昭示天下,让全国百姓效仿学习。

俗话说:兄弟如手足。纵观当时的危险境界,赵氏兄弟能够首先顾及对方的安危,丝毫不顾个人的凶险,足见他们的心中已深深明白,自己的身体与弟兄的身体都是父母身体的一部分,同气连枝,同体相生。

放眼世界,万物虽有类聚群分,实则如兄弟一样,互相之间休戚相关,同体相生。因此,人类要想拥有永久美好幸福的生活,就必须以仁爱之心,真诚地关心和爱护宇宙天地间的一切人、一切事和一切物,而这份仁爱之心的根本,正如古德在《论语》中所言:"孝悌也者,其为仁之本与。"这是亘古不变的真理。

河东狮吼

　　宋朝文学家苏轼，他擅长诗词，文章也写得很好，是朝中重臣，皇帝非常看重他。不过有一次，有人参奏他写诗讥刺朝政，皇帝很生气，就把他从朝中贬到黄州，也就是现在的湖北黄冈。苏东坡在黄冈有个好友陈慥，号季常。他们两人的爱好差不多，都喜欢游山玩水，写诗作赋，喜欢研究佛教的道理，还喜欢在一起饮酒。他们饮酒的时候，都有一个习惯，就是喜欢请来一些歌女舞女，在一边歌舞助兴。可是陈慥的夫人柳氏很有个性，而且最爱吃醋，很不满意陈慥的行为，尤其不满意的是陈慥喝酒时找美女来斟酒夹菜，跳舞唱歌。有时，舞女、歌女正唱着歌、跳着舞，柳氏就来了，把美女们全都赶走，还说："你们喝酒就好好喝酒，弄这些女孩子来，给你们斟酒夹菜，跳舞唱歌。有什么好的？是酒会多出来，还是菜会多出来？"后来，陈慥跟苏东坡两人在喝酒的时候，就既不敢用伴舞，也不敢用伴唱了。一天晚上，苏东坡又到陈慥家来。陈慥说："今儿晚上，咱们两个好好地喝酒。""好吧。"陈慥把苏东坡留下，吩咐下人做了一桌丰盛的菜，搬上好酒。两个人一边喝着酒，一边谈佛论道。佛教重点讲的是一个"空"字，两人讲来讲去，越讲越泄气。陈慥说："我们两个讲来讲去，把情绪搞坏了。我知道有两个美女唱得非常好，今晚干脆请她们给咱们唱两首歌。咱们边听边喝，不是挺好吗？""嫂夫人要是听见，还不得急了啊？你就注意点吧。""她已经睡着了。况且，她也就是闹一阵子，过后就没事。不用管她。"陈慥立刻吩咐手下人把那两个歌女找来，还说：

"不要唱激昂的，要抒情一点的，声音不要太大。"这下两个歌女明白了，他原来还是害怕夫人柳氏听见。陈慥和苏东坡端着酒杯，听着两位歌女给他们唱歌，又觉得人世并不全都是空，也有美好的东西。比如现在喝着酒听着歌，就挺好嘛。没料到夫人的丫鬟听见客厅里边有唱歌的声音，赶紧向夫人禀报："今天老爷改了方子，白天不唱，改成晚上唱了。"夫人穿好衣服，从屋里出来一听，真是在那唱呢，顿时怒火中烧，"好啊，晚上你也不歇着，在这唱什么。"一边说，一边"啪、啪"地拍窗户。两人赶紧说："打住打住，咱别唱了。"只好便这么散了。第二天，苏东坡写了首诗，送给陈慥。这首诗是："龙丘居士亦可怜，谈空说有夜不眠。忽闻河东狮子吼，拄杖落手心茫然。"意思是说，您这位居士真是挺可怜哪，又说空又说有，晚上不睡觉。说了半天，护法的狮子来了，这么一叫唤，吓得您连拄杖都掉了，心里空空荡荡的。这话语带双关，另外一层意思就是说您这位夫人嗓门太大，都要赶上狮虎之声了；说河东狮子，是因为柳氏老家是河东人。

"河东狮吼"这条成语，就是说在家里边管着男人的女人。苏东坡写诗的时候，还带一点褒义，因为狮子是佛教的护法神，现在则基本属于贬义了。

杀妻求将

据汉代司马迁《史记·卷六十五》记载，战国时代，魏国人吴起曾先后在鲁、魏、楚三国做官。他在鲁国时，齐国人来攻打鲁国。鲁国因为吴起有一定的将才想要任命他做将军，率兵与齐军作战。但由于吴起娶了齐国女子为妻，鲁国怀疑他与齐国的关系，对任命他做将军一事迟疑不决。在这种情况下，吴起想成就自己的功名，就把自己的妻子杀死了，以表明他与齐国没有什么关系。鲁国最终任命吴起为将军。吴起做将军后，率兵攻打齐军，把齐国打得大败。吴起为了成就自己的功名，忍心杀害自己的妻子，这种做法是不足取的。后以"杀妻求将"比喻忍心害理以追求功名利禄的行为。

第五章
在奋斗中成长

艰苦奋斗是中华民族的传统美德和优良作风。只有经历艰苦环境的磨炼洗礼，人才会成长，人生才会展现出最光辉灿烂的一面。身处逆境，怨天尤人，甘于失败，人生便毫无亮色可言；挑战自我，迎难而上，奋发进取，这样的人生才真正精彩，这样的人生才值得敬仰。

炊臼之梦

从前有一个商人叫张瞻，长期在外做买卖，正准备回家的晚上，做了一个梦，梦见在舂米的器皿中做饭，觉得奇怪就问王生，王生解梦道："你回家，没看见妻子就叫臼中炊——无釜（妇），可能你妻子已经过世。"张瞻回到家里，妻子果然死了有几个月了。

惠子（惠施）听说庄子的妻子死了，心里很难过。他和庄子也算是多年的朋友了，便急急忙忙向庄家赶去，想对庄子表示一下哀悼之情。可是当他到达庄家的时候，眼前的情景却使他大为惊讶。只见庄子叉开两腿，像个簸箕似的坐在地上，手中拿着一根木棍，面前放着一只瓦盆。庄子就用那根木棍一边有节奏地敲着瓦盆，一边唱着歌。惠子先是发愣发呆，继而渐渐生出不满，最后愤愤不平了。他怒气冲冲地走到庄子面前，庄子略略抬头看了他一眼，依旧敲盆、唱歌。惠子忍不住了："庄子！尊夫人跟你一齐生活了这么多年，为你养育子女，操持家务。现在她不幸去世，你不难过、不伤心、不流泪倒也罢了，竟然还要敲着瓦盆唱歌！你不觉得这样做太过分吗！"庄子听了，这才缓缓地站起身。惠子朝他脸上一看，方才觉得自己刚才的话有点过火。怎么能说庄子一点也不伤悲呢？他的脸上，现出一层淡淡的悲切，眼圈也红着。惠子不觉暗暗叹了口气："这个庄周，对什么都是淡淡的，以致总让人捉摸不透。"庄子说："惠兄，感谢您老远地跑来吊唁。其实，当妻子刚刚去世的时候，我何尝不难过得流泪！只是细细想来，妻子最初是没有生命的；不仅没有生命，而且也没有形体；不仅没有形体，而且也没有气息。在若有若无恍恍惚惚之间，那最原始的东西经过变化而产生气息，又经过变化而产生形体，又经过变化而产生生命。如今又变化为死，即没有生命。这种变化，就像春夏秋冬四季那样运行不止。现在她静静地安息在天地之间，而我却还要哭哭啼啼，这不是太不通达了吗？所以止住了哭泣。"庄子认为人的生命是由于气之聚；人的死亡是由于气之散，他这番道理，姑且不论其真实程度。就以他对生死的态度来说，便远在常人之上。他摆脱了鬼神对于人类生死命运的摆布，只把生死视为一种自然的现象，认为生死的过程不过像四时的运行一样。

桃李满天下

据汉朝《韩诗外传》记载，春秋时，魏国有个叫子质的大臣，他得势时曾保荐过很多的人。后丢官只身跑到北京，见到一个叫简子的人，向他发牢骚，埋怨自己过去培养的人在危难时不肯帮助他。简子听后笑着对子质说："春天种了桃树和李树，到夏天可在树下纳凉休息，秋天还可吃到可口的果实。可是，如果你春天种的是蒺藜，到夏天就不能利用它的叶子，而秋天它长出来的刺倒要扎伤人。你过去培养、提拔的人都是些不值得保荐的人，所以君子培养人才，就像植树一样，应先选好对象，然后再培植啊！"

简子用比喻批评子质培养人才不当。故后人就把培养人才叫作"树人"；把提拔培养的优秀人才叫作"桃李"。因老师培养出来的学生很多，就被誉为"桃李满天下"了。

子质学富五车,知识广博。他因为得罪了魏文侯,就跑到北方一旧相识家里躲避。这位朋友的家境并不富裕,子质不愿给朋友加重生活负担,便想开个学馆,收一些学生教读,借以糊口。朋友很支持他,就腾出两间空房作为教室,子质所收的学生不分贫富,只要愿学的都可以拜他为师,一视同仁。

这个学馆里有一棵桃树,一棵李树。凡是来上学的学生都跪在桃李树下认先生。子质指着已结果的两棵树教导学生们说:"你们都要刻苦学习,要像这两棵树一样开花结果。只有学问高,才能为国家做出一番大事业。"

为了把学生教育成有用的人才,子质认真教学。在他的严格管教下,学生们都发奋读书,学到了不少真本领。后来,这些学生先后成才,成了国家的栋梁。他们为了感念子质先生的教诲,都在自己住处亲手栽种桃树和李树。

子质到各国游历时,碰到了在各国当官的学生,并看到了学生栽的这两种树,便自豪地说:"我的学生真是桃李满天下啊!一个个都很有作为!"从此,当先生(老师)的就以"桃李"代称学生,并把学生多称作"桃李满天下"。

鸡黍之约

范式,字巨卿,一名汜,山阳金乡人(今山东省金乡县)。范式年少时在太学学习,与同学张劭是好朋友。张劭字元伯,汝南人。二人结束学业，一同归回故里。分手时范式对张劭说："两年之后，我将去拜访您的尊亲，见见你的家人孩子。"于是两人约定了相见的日期。两年后，约定的日期快到了，张劭对母亲说明情况，请求准备好酒菜等候范式。张母说："已经分别两年了，相距千里，你怎么能相信这话能实现呢？"张劭回答："范巨卿是诚信之士，一定不会违约的。"张母说："果真这样，我就为你们酿酒。"到了约定的日子，范式果然如期而至。他拜见了张劭的母亲，和张劭相聚饮酒，尽欢而别。

分别后范式做官至山阳郡功曹，和张劭一直未再见面。张劭的积年旧病越来越沉重，他的同乡郅君章、殷子徵每天早晚都来探望他。张劭临终时叹息说："很遗憾不能见到我的'死友'"。子徵说："我和君章尽心尽力照顾你，这还算不得'死友'的话，还有谁算得上呢？"张劭说："像你们二位这样的，是我活着的朋友。而山阳的范巨卿，才算得上我生死相交的朋友。"不久他就去世了。一天，范式突然梦见张劭戴着黑色的帽子，帽子上的带子也没有系上，光着脚，对他呼唤道："巨卿，我已经于某天死去了，另一天就要下葬，就此永远阴阳两隔。你即使没忘了我，也见不到我了。"范式突然惊醒了，悲伤叹息，流下泪水。他禀告了太守，请求前去奔丧。太守虽然不信，但也不愿过于违背范式的心情，就答应了他。范式脱去官服，穿上与朋友相见的衣服，依照张劭下葬的日期，快马加鞭，急速赶路。范式还未赶到，葬礼已经开始举行。当到达墓地，将要下葬的时候，棺木怎么也放不进墓穴。张劭的母亲抚摸这棺木哭着说："你还有什么祈望吗？"于是就把棺木停在外面一段时间。接着就看见有白车白马，一路号哭而来。张母远远看见，说："这一定是范巨卿到了。"范式赶到后，叩拜行丧礼，说："元伯你上路吧，我们各自走在生死两条路上，就此永别了。"来参加葬礼的有上千人，全都流下了眼泪。范式拉着棺木上的绳子走在前面，棺木才开始移动。范式留下来，为张劭修好坟墓，在墓地周围种上树木，一切收拾停当后才离去。

范式诚信赴约、为死友下葬的故事在当时广为流传，成为千古佳话。范式张劭这种生死相约的诚信精神感人至深，范式家乡人民自发捐资修建了庙宇，纪念二位贤士，并把范式家乡山阳范庄，更名鸡黍村，这个名字一直沿用至今。山阳郡太守闻知后，遂上表奏请。汉明帝感其诚信，遂下令拨款修建范张祠，命名为"二贤祠"。

明成化年间，知县央盛德复修。清康熙四十八年，由民间自发再次重修，并刻有重修记事碑。

范式的诚信之举，在金乡留传下了"鸡黍之约"的千古佳话。这段佳话在《后汉书》和《喻世明言》中均有记载，《搜神记》《金刚经》中也有记述。

阳关三叠

《阳关三叠》是根据唐代诗人王维《送元二使安西》诗谱写的一首琴歌。

王维这首诗在唐代就曾以歌曲形式广为流传，并收入《伊州大曲》作为第三段。唐末诗人陈陶曾写诗说："歌是《伊州》第三遍，唱着右丞征戍词。"说明它和唐代大曲有一定的联系。后来又被谱入琴曲，以琴歌的形式流传至今。

王维的诗是为送朋友去西北边疆而作："渭城朝雨浥轻尘，客舍青青柳色新。劝君更尽一杯酒，西出阳关无故人。"谱入琴曲后又增添了一些词句，加强了惜别的情调。

第六章
弥足珍贵的友谊

友谊是人们在交往活动中产生的一种特殊情感，它与交往活动中所产生的一般好感是有本质区别的。友谊是一种来自双向（或交互）关系的情感，即双方共同凝结的情感，任何单方面的示好，不能称为友谊。友谊以亲密为核心成分，亲密性也就成为衡量友谊程度的一个重要指标。

管鲍之交

　　从前，齐国有一对好的朋友，一个叫管仲，另外一个叫鲍叔牙。年轻的时候，管仲家里很穷，又要奉养母亲。鲍叔牙知道了，就找管仲一起投资做生意。做生意的时候，因为管仲没有钱，所以本钱几乎都是鲍叔牙拿出来投资的。可是，当赚了钱以后，管仲却拿的比鲍叔牙还多，鲍叔牙的仆人看了就说："这个管仲真奇怪，本钱拿的比我们主人少，分钱的时候却拿的比我们主人还多！"鲍叔牙却对仆人说："不可以这么说！管仲家里穷又要奉养母亲，多拿一点没有关系的。"有一次，管仲和鲍叔牙一起去打仗，每次进攻的时候，管仲都躲在最后面，大家就骂管仲说："管仲是一个贪生怕死的人！"鲍叔牙马上替管仲说话："你们误会管仲了，他不是怕死，他得留着他的命去照顾老母亲呀！"管仲听到之后说："生我的是父母，了解我的人可是鲍叔牙呀！"后来，齐国的国王死掉了，公子诸当上了国王，诸每天吃喝玩乐不做事，鲍叔牙预感齐国一定会发生内乱，就带着公子小白逃到莒国，管仲则带着公子纠逃到鲁国。

　　不久之后，齐王诸被人杀死，齐国真的发生了内乱，管仲想杀掉小白，让纠能顺利当上国王，可惜管仲在暗算小白的时候，把箭射偏了，射到了小白的裤腰，小白没死。后来，鲍叔牙和小白比管仲和纠还早回到齐国，小白就当上了齐国的国王。小白当上国王以后，决定封鲍叔牙为宰相，鲍叔牙却对小白说："管仲各方面都比我强，应该请他来当宰相才对呀！"小白一听："管仲要杀我，他是我的仇人，你居然叫我请他来当宰相!"鲍叔牙却说:"这不能怪他,他是为了帮他的主人纠才这么做的呀!"小白听了鲍叔牙的话,请管仲回来当宰相,而管仲也真的帮小白把齐国治理得非常好!

管仲说:"我当初贫穷时,曾和鲍叔牙一起做生意,分钱财,自己多拿,鲍叔牙不认为我贪财,他知道我贫穷啊!我曾经替鲍叔牙办事,结果使他处境更难了,鲍叔牙不认为我愚蠢,他知道时运有利有不利。我曾经三次做官,三次被国君辞退,鲍叔牙不认为我没有才能,他知道我没有遇到时机。我曾经三次作战,三次逃跑,鲍叔牙不认为我胆怯,他知道我家里有老母亲。公子纠失败了,召忽为之而死,我却被囚受辱,鲍叔牙不认为我不懂得羞耻,他知道我不以小节为羞,而是以功名没有显露于天下为耻。生我的是父母,了解我的是鲍叔牙啊!"

鲍叔牙推荐管仲以后,自己甘愿做他的下属。鲍叔牙的子孙世世代代在齐国吃俸禄,得到了封地的有十多代,很多后人成为有名的大夫。天下的人不赞美管仲的才干,而赞美鲍叔牙能了解人。

伯牙绝弦

俞伯牙是春秋战国时期楚国郢都(今湖北荆州)人,最擅长弹琴。

史载有一年,俞伯牙奉晋君之命出使楚国。八月十五那天,他乘船来到了汉阳江口。遇风浪,停泊在一座小山下。晚上,风浪渐渐平息了下来,云开月出,景色十分迷人。望着空中的一轮明月,俞伯牙琴兴大发,拿出随身带来的琴,专心致志地弹了起来。他弹了一曲又一曲,正当他完全沉醉在优美的琴声之中的时候，猛然看到一个人在岸边一动不动地站着。俞伯牙吃了一惊，手下用力，"啪"的一声，琴弦被拨断了一根。俞伯牙正在猜测岸边的人为何而来，就听到那个人大声地对他说："先生，您不要疑心，我是个打柴的，回家晚了，走到这里听到您在弹琴，觉得琴声绝妙，不由得站在这里听了起来。"

俞伯牙借着月光仔细一看，那个人身旁放着一担干柴，果然是个打柴的人。俞伯牙心想：一个打柴的樵夫，怎么会听懂我的琴呢？于是他就问："你既然懂得琴声，那就请你说说看，我弹的是一首什么曲子？"

听了俞伯牙的问话，那打柴的人笑着回答："先生，您刚才弹的是孔子赞叹弟子颜回的曲谱，只可惜，您弹到第四句的时候，琴弦断了。"

打柴人的回答一点不错，俞伯牙不禁大喜，忙邀请他上船来细谈。那打柴人看到俞伯牙弹的琴，便说："这是瑶琴！相传是伏羲氏造的。"接着他又把这瑶琴的来历说了出来。听了打柴人的这番讲述，俞伯牙心中不由得暗暗佩服。接着俞伯牙又为打柴人弹了几曲，请他辨识其中之意。当他弹奏的琴声雄壮高亢的时候，打柴人说："这琴声，表达了高山的雄伟气势。"当琴声变得清新流畅时，打柴人说："这后弹的琴声，表达的是无尽的流水。"

俞伯牙听了不禁惊喜万分，自己用琴声表达的心意，过去没人能听得懂，而眼前的这个樵夫，竟然听得明明白白。没想到，在这野岭之下，竟遇到自己久久寻觅不到的知音，于是他问明打柴人名叫钟子期，和他喝起酒来。俩人越谈越投机，相见恨晚，结拜为兄弟。约定来年的中秋再到这里相会。

和钟子期洒泪而别后第二年中秋，俞伯牙如约来到了汉阳江口，可是他等啊等啊，怎么也不见钟子期来赴约，于是他便弹起琴来召唤这位知音，可是又过了好久，还是不见人来。第二天，俞伯牙向一位老人打听钟子期的下落，老人告诉他，钟子期已不幸染病去世了。临终前，他留下遗言，要把坟墓修在江边，到八月十五相会时，好听俞伯牙的琴声。

听了老人的话，俞伯牙万分悲痛，他来到钟子期的坟前，凄楚地弹起了古曲《高山流水》。弹罢，他挑断了琴弦，长叹了一声，把心爱的瑶琴在青石上摔了个粉碎。他悲伤地说：我唯一的知音已不在人世了，这琴还弹给谁听呢？"

两位"知音"的友谊感动了后人，人们在他们相遇的地方，筑起了一座古琴台。直至今天，人们还常用"知音"来形容朋友之间的情谊。

刎颈之交

战国时，赵国宦者令缪贤的门客蔺相如，受赵王派遣，带着稀世珍宝和氏璧从邯郸出发出使秦国。他凭着智慧与勇气，完璧归赵，得到赵王的赏识，封为上大夫。

后来，秦王又提出与赵王在渑池相会，想逼迫赵王屈服。蔺相如和廉颇将军力劝赵王出席，并设巧计，廉颇以勇猛善战给秦王以兵力上的压力，蔺相如凭三寸不烂之舌和对赵王的一片忠心使赵王免受屈辱，并安全回到邯郸。赵王为了表彰蔺相如，就封他为上卿，比廉颇将军的官位还高。

这下廉颇可不乐意了，他认为自己英勇善战，为赵国拼杀于前线，是第一大功臣，而蔺相如只凭一张嘴，居然官居自己之上。廉颇很不服气，就决心要好好羞辱他一番。

蔺相如听到这个消息，便处处回避与廉颇见面。到了上朝的日子，就称病不出。有一次，蔺相如有事出门在回车巷遇到廉颇。廉颇就命令手下用各种办法堵住蔺相如的路，最后蔺相如只好命令回蔺相如府。廉颇就更得意了，到处宣扬这件事。

蔺相如的门客们听说了，纷纷提出要回家，蔺相如问为什么，他们说："我们为您做事，是因为敬仰您是个真正崇高的君子，可现在您居然对狂妄的廉颇忍气吞声，我们可受不了"蔺相如听了，哈哈一笑，问道："你们说是秦王厉害还是廉颇将军厉害？我连秦王都不怕，又怎么怕廉颇呢？秦国现在不敢来侵犯，只是慑于我和廉将军一文一武保护着赵国，作为赵王的左膀右臂，我又怎能因私人的小小恩怨而不顾国家的江山社稷呢？"

廉颇听说后，非常惭愧，便袒胸露背背着荆条到蔺相如府向蔺相如请罪。从此，他们便成了同生死共患难的好朋友，齐心为国效力。

绨袍垂爱

战国时魏人范雎，在魏国的大臣须贾手下做门客。有一次，须贾带着范雎去了一趟齐国，而齐国的皇帝很喜欢范雎，并且十分欣赏他的才能，于是在临走之前，送给了范雎很多的黄金和美酒。须贾知道后，觉得是齐国贿赂范雎，而范雎既然收下，就说明范雎一定是和齐国同流合污，想要一起谋害魏国。之后狠狠呵斥了范雎，并把这件事告诉了魏国的相国魏齐。

魏齐知道后，很是生气，就要捉拿范雎，之后根本不听解释，把范雎一顿毒打。范雎越为自己开脱，魏齐就打的越狠，之后肋骨也被打断了，牙齿也被打掉了，一下子昏死过去了。魏齐以为他死了，就把他扔到了野外。其实，这都是范雎为了保命而装死，死里逃生后，范雎改名换姓，挂着张禄的名字，逃到了秦国，凭借着自己的努力，当上了秦国的相国。

秦王很是信任范雎，之后在范雎的建议之下，秦国开启了向魏国的征讨。魏国为了保住国家，派出一个使者来到秦国和谈，这个被派出的使者，就是须贾。范雎知道须贾要来，就换上了一身破旧的衣服，会见了须贾，并且谎称自己只是秦国的一个奴婢。须贾很是感叹，和范雎聊起了很多的往事，两个人还一起吃饭，之后须贾看见范雎穿的十分破烂，就把自己的袍子给他穿上了。这些举动让范雎很是感动，之后范雎亮明了自己的身份，须贾赶紧下跪道歉，而范雎则说："你当初怀疑我和齐国有奸情，导致我最后差点被打死，我本来想要杀你，但是昨天你却送了我一件袍子，让我很是感动，决定饶你不死。"

后世因以"绨袍垂爱"或"绨袍恋恋"表示不忘故人。

参考文献

[1]程登吉.幼学琼林[M].余雅汝,编注.杭州:浙江古籍出版社,2013.

[2]张慧楠.幼学琼林[M].北京:中华书局,2013.

[3]徐井才.幼学琼林[M].北京:新华出版社,2013.

[4]金素芳,徐国普.中华国学经典·少年版 幼学琼林[M].杭州:浙江少年儿童出版社,2010.

[5]刘彦编.幼学琼林[M].天津:新蕾出版社,2008.

后　　记

　　《幼学琼林》是我国古代儿童启蒙读物的一种，是清代至民国初期蒙学中影响最大、编得最好的读本之一。"琼林"这个词语作为本书的书名有两个意思：一是唐德宗年间皇家内库有琼林库，比喻《幼学琼林》所收集的知识，就像皇家书库的藏书一样广博丰富；二是宋代有个琼林苑，宋朝皇帝常在琼林苑赐宴款待新科进士，后来就以"琼林"比喻金榜题名，用"琼林"作书名就是鼓励学童用功读书，将来有朝一日荣登金榜。

　　《幼学琼林》虽冠名幼学，是一部童蒙读本，然而书中内容广博、包罗万象，被誉为"中国古代的小百科全书"。阅读该书，读者可以了解关于衣食住行、风俗人情、天文地理、典章制度、生老病死、婚丧嫁娶、鸟兽花木、朝廷文武、宫室珍宝、文事科第、释道鬼神等各方面的古代知识和典故。而且《幼学琼林》全书都是用对偶句写成，易于诵读，便于记忆。如"心多过虑，何异杞人忧天；事不量力，不殊夸父追日""韶华不再，吾辈须当惜阴；日月其除，志士正宜待旦""求士莫求全，毋以二卵弃干城之将；用人如用木，毋以寸朽弃连抱之材""君子之身，可大可小；丈夫之志，能屈能伸""爱无差等，曰兄子如邻子；分有相同，曰吾翁即若翁""弟子称师之善教，曰如坐春风之中；学业感师之造成，曰仰沾时雨之化"。《幼学琼林》一书的词句多取自古代名文佳篇，如"老当益壮，

宁知白首之心；穷且益坚，不坠青云之志"，就来自唐代王勃所作《秋日登洪府滕王阁饯别序》。《幼学琼林》中汇集的成语典故，仍被我们频频引用和传诵。这些成语典故一方面是传统文化情感的延续，另一方面是历史思想片段的记录，是文字艺术之美的感发，如"毛遂片言九鼎，人重其言；季布一诺千金，人服其信。"还能了解很多生活常识，如"酒系杜康所造，腐乃淮南所为。"更能学习为人处世的道理。

　　《幼学琼林》一书的重要价值还在其启蒙道德教育方面，它阐述和颂扬了"真""善""美""智"等人生精神。《幼学琼林》利用历史人物的嘉言懿行来向世人说明做人的道德规范、健康积极的人生价值取向。特别是可以从中吸收立身处世的经验，以历史人物的行为为典范，见贤而思齐。

　　当然，《幼学琼林》中的一些观念，由于时代发展的历史局限，已不符合变化的社会现实，我们在阅读过程中，应当带着谨慎的态度、思辨的精神进行细心地判断，去粗取精，去伪存真，相信在阅读过程中会获得更多益处。